会说话不尴尬

孟菲◎著

HAVE A GLIB
NOT EMBARRASSED

中国国际广播出版社

图书在版编目（CIP）数据

会说话不尴尬 / 孟菲著. -- 北京：中国国际广播
出版社，2018.4（2023.9重印）
ISBN 978-7-5078-4283-8

Ⅰ.①会… Ⅱ.①孟… Ⅲ.①语言艺术—通俗读物
Ⅳ.①H019-49

中国版本图书馆CIP数据核字(2018)第074463号

会说话不尴尬

著　　者	孟菲	
责任编辑	杜春梅	
校　　对	徐秀英	
设　　计	华阅时代	

出版发行	中国国际广播出版社有限公司［010-89508207（传真）］
社　　址	北京市丰台区榴乡路88号石榴中心2号楼1701
	邮编：100079
印　　刷	三河市宏顺兴印刷有限公司

开　　本	880×1230　1/32
字　　数	200千字
印　　张	8
版　　次	2018年7月　北京第一版
印　　次	2023年9月　第五次印刷
定　　价	39.80元

序

说话不打岔，交往不冷场，相处不尴尬

有一位叫寇蒂斯的美国医生是一位热心的棒球迷，只要有空他就会去看球员们练球。在和球员们成为好朋友之后，他被邀请参加一次为球队举行的宴会。

宴会上，在侍者送上咖啡与糖果之后，有几位著名的宾客被请上台"说几句话"。突然之间，在事先没有通知的情况下，他听到宴会主持人说："今晚有一位医学界的朋友在座，我特别请寇蒂斯大夫上来向我们谈谈棒球队员的健康问题。"

这个问题对于寇蒂斯医生来说小菜一碟，即使没有特意准备，但作为一名研究卫生保健三十余年的专业医生，他可以坐在椅子里向坐在两旁的人侃侃谈论一整个晚上。

但是，现在，需要他站起来面对众人讲这些问题，那就另当别论了。这个邀请令他不知所措，他心跳的速度加快了一倍，而他脑海中的记忆，现在也仿佛全长着翅膀飞走了。

他该怎么办呢？宴会上的人全在鼓掌，大家都望着他，他摇摇头、摆摆手，表示谢绝。但他这样做反而引来了更热烈的掌声，纷

纷要求他上台演讲。"寇蒂斯大夫！请讲！请讲！"的呼声愈来愈大，也更坚决。

但只有他自己知道，如果他此刻站起来讲话一定会失败，他将无法讲出完整的五六个句子。于是，他站起身来，一句话也没说，转身背对着他的朋友默默地走了出去，尴尬得无以复加，也让场内的人感到莫名其妙，所有人都置身于巨大的尴尬之中。

由此可见，会说话是多么重要的一件事。会说话，小则可以带来欢乐，怡情悦性，大则可以兴邦治国，德译天下；不会说话，小则陷入尴尬，大则甚至丧身。

当然，没有谁一生下来就能说会道，人在婴幼儿时期，连说话也是不会的，但是可以通过培养来获得这种能力；成年以后，也可以通过培养、训练，来让自己获得卓越的口才。

上文中的寇蒂斯医生那次聚会后心灵深受伤害，他回到布鲁克林的第一件事就是报名参加了演讲训练班。他不愿再度陷入脸红及哑口无言的窘境了，而事实上他也确实不会了。两个月后，他已成为班上的明星演讲家，不久就开始接受邀请，前往各地演讲。

实际上，要想获得自信、勇气以及能力，以便在与人谈话的同时能够冷静而清晰地思考，并不像大多数人所想象的那样困难。这就如同学习感兴趣的知识一样，任何人都可以发展出他潜在的能力，只要他有想要如此做的充分欲望就行。

如果你也经常因不会说话而让自己陷入各种尴尬局面之中；如果你也想说话不打怵，交往不冷场、相处不尴尬，不妨现在就开始专心培养自己的表达能力，说让人喜欢的话，做让人喜欢的人。

目 录

CONTENTS

下篇　会说解围话，巧妙化尴尬

上篇

会 说 场 面 话，社 交 不 尴 尬

Part 1

巧妙搭讪不尴尬，见面相处更融洽

现实生活中，存在开场搭讪困难的人不在少数。比如，由于自身的害羞和紧张不能将交谈开展下去；开场的第一句话不知道如何说；突如其来的开场白不知如何应对等。如果这些现象不能及时得到克服和解决，将很难让一个人从开场白障碍的尴尬里摆脱出来，这对一个人的生活和事业发展都将是十分不利的。

相反，如果一开口就抓住了他人的耳朵，以及他的心，很可能会为一场或隆重或轻松的聚会或社交活动奠定是否精彩和成功的基调，也很可能影响着一个人（特别是在这场聚会中有重要角色的人）在社交场合中的受欢迎程度。

称呼合适，暖心又贴心

聊天之前，总要互相称呼一下。称呼对了，可使对方感到亲切，这是开展一次好的成功聊天的前提条件；反之，喊不对人，往往就会引起对方的不快，甚至反感，双方就会陷入尴尬的境地，致使交往梗阻，甚至中断。

《说岳全传》第六十一回记录了这样一个故事：大将牛皋迷路了，他看见了一位老者。就在马路上对老人吼道："喂，老头儿！爷问你，去小校场怎么走？"老人听了不但没给他指路，反而骂他"冒失鬼"。过了一会儿，岳飞跟到了这里。他看见老者后，先离蹬下马，然后上前施礼："请问老先生，方才可曾见一个骑黑马的？他往哪条路上去了？"老人耐心地给岳飞指了路。

同样是问路，岳飞得到了帮助，牛皋却只能尴尬而去，差别就在称呼上。称呼是与人交往的第一句话，也是我们审视自己的一面镜子。说话之前会称呼，是对他人起码的尊重。

事实上，称呼的合适与否，要看具体的人物关系、场合、时机等因素，不能一概而论。

那么如何称呼对方才算合适呢？通常需要兼顾下面这些因素：

年龄

如是长者，一定要呼尊称，保持谦逊，不能随便喊："喂""嗨""打扫卫生的""看大门的"。如果和对方关系特殊，或者非常熟络，在确定不会引起对方不快的情况下，称呼可以随意些。对和年龄相差不大或比自己小的人，称呼可随意些，但要保持稳重。

身份

不同职业、身份的人，应该有不同的称呼。有较高身份、地位的人通常在阅历、学识等方面高于一般人，对这一类人群，称呼上要体现出尊敬来。而对一般人则可随意些，不必过于拘泥。在称呼中准确体现了这种差别，会让相应当事人内心产生很舒坦的感觉，显然，有利于后面的交流和交往。

场合

聊天有不同的场合，在称呼别人的时候，要注意到场合的不同对称呼的影响。一般来说，在不是很正规的场合，称呼可以随意些。但是在正式场合，或者有陌生人在场的时候，称呼最好不要过于随意，以免留下不好的印象。例如，"哥们儿""姐们儿""磁器""死党""铁哥们儿"等一类的称呼在正式场合就切勿使用，否则会显得庸俗低级，档次不高。逢人便称"老板"，也显得不伦不类。

地域

有些称呼，是具有一定地域性的，比如，北京人爱称人为"师傅"，山东人爱称人为"伙计"，中国人把配偶、孩子经常称为"爱人""小鬼"。但是，在南方人听来，"师傅"等于"出家人"，"伙计"肯定是"打工仔"。如果不考虑双方的地域差别，就真的会"南辕北辙"，误会太大了。

亲疏

在称呼别人的时候，要考虑到自己与对方之间关系的亲疏远近，比如称呼很亲近的同辈人，直呼其名显得亲密无间、欢快自然。当然，为了打趣，开玩笑称对方的小名或昵称，也是很适宜的。显然，对还比较生疏的人，则不适宜这样称呼。

另外，在和多人同时打招呼时，更要注意亲疏远近和主次关系，一般来说以先长后幼、先上后下、先女后男、先疏后亲为宜。

先后

先打招呼可以给人一种亲切感，有助于提升个人影响力和个人魅力，为后面的交流打下良好的基础。

周到

参与聊天的可能不止一个人，在打招呼时，不仅要与熟络的人打，还要与不熟悉的人打，不要冷落任何人。对不熟悉的人，可微笑或点头示意，表达你的友好。

另外，不知如何称呼对方时，掌握一些打招呼的常用语是十分必要的。一般来说，最简洁明了、通行性最广泛的打招呼用语是"您好"。此外，还有"早上好""晚上好""大家好""你早""在哪儿发财"等也是较常见的招呼用语。

总之，称呼是联络感情的手段，是沟通心灵的方式和增进友谊的纽带，也是顺畅聊天的前提条件，所以一定要重视起来。

阅后衷告

称呼中要注意的一些禁忌

误称呼：即对被称呼者的年纪、辈分、婚否以及与其他人的关系作出了错误判断。比如，将未婚妇女称为"夫人"。不妨将相对年轻的女性，都可以称为"小姐"或"女士"，这样对方也乐意听。

叫绰号：要尊重一个人，必须首先学会去尊重他的姓名。因此，不要随便拿别人的姓名乱开玩笑，给对方起绰号，更不能随意以道听途说来的对方的绰号去称呼对方，如：拐子、秃子、罗锅、四眼、傻大个、麻杆儿等更不能说出，尤其是与你关系一般者。

叫错名字最尴尬

···················· 口才提醒 ····················

记住别人的名字，而且能轻易地叫出来，等于给别人一个巧妙且有效的赞美。

相信很多人都有过这种体会：与一个分别太久的老同学或者与自己仅有一面之缘、并不太熟悉的人碰见，他如果能马上喊出你的名字，你一定会有至少微微的震动，觉得自己受到了重视，受到了尊重。相反，如果他把你的名字，或者你把对方的名字忘记了，或者叫错了，不仅会造成双方的难堪，甚至都很难谈什么进一步交往了。

把一个人的名字记住，并很自然地叫出口来，可以说是一种最简单、最明显、最重要、最能得到好感的开场方式了。

因此，如果是和陌生人第一次接触，就应先问问"您贵姓？""您怎样称呼？"要尽可能在不十分熟悉之前就记住他的名字。否则一旦很熟悉了还叫不出名字，这时再去问"您贵姓"，就有点问不出口了。

也许会有人说："我就是记性很差，老是记不住别人的姓名。"或是说："我的记忆力不好，因此人跟名字就是对不起来。"或者说："我太忙了，实在没有时间记住他们的名字。"

其实都是借口而已。多数人不记得别人的名字，只因为不肯花必要的时间和精力。记人名就跟背英文单词一样，只要肯用心，下苦功，必有所成。

例如，法国皇帝拿破仑三世——也是拿破仑的侄儿——曾经得意地对人说，即使他日理万机，仍然能够记得每一个他所认识的人。他的技巧非常简单。如果他没有清楚地听到对方的名字，就说，"抱歉，我没有听清楚。"如果碰到一个不寻常的名字，他就说，"怎么写？"在谈话当中，他会把那个人的名字重复说几次，试着在心中把它跟那个人的特征、表情和容貌联想在一起。如果对方是个重要的人物，拿破仑三世就要更进一步，一等到他旁边没有人，他就把那个人的名字写在一张纸上，仔细看看，聚精会神地深深记在他心里，然后把那张纸撕掉。这样做，他对那个名字就不只是有听觉的印象，还有视觉的印象了，记住它的可能性也就增大了。

当然，有时候要记住一个人的名字确实很难，尤其当它不太好念时。这时，你可以直截了当地向名字的本人请教记忆方法。例如，一次聚会，其中一个人名叫克林克斯克尔斯，发音不太容易。多数人听过就算了，有一个人却问他："您可不可以重复一下您的名字？"他又说了一遍，那个人仿佛还是没有听清楚，再问："您能告诉我如何拼写吗？"他又教这个人如何拼写。之后，这个人又问他："您这名字可不多见，能否告诉我如何更容易地记住它？"克林克斯克尔斯被他问了半天，没有一点不耐烦的样子。相反，他不厌其烦地教他如何记得更准。之后的一次偶遇，这个人马上叫出了他的名字，克林克斯克尔斯高兴得不得了。

许多人的名字后面都有一个动人的故事。不要怕对方不耐烦，因为人们总是非常愿意谈起自己的名字，在他心里这可比谈论天气有意思得多。因此，如果你觉得一个名字实在太难记，最好问一问它的来历。此外，还有一些人的姓氏或名字很容易造成误读，如"仇（qiu）""查（zha）""盖（ge）"等，为了避免这种情况的发生，对于不认识的字，事先要有所准备；如果是临时遇到，就要谦虚请教。事实上，这些问题本身也是避免尴尬开场的好话题呢！

阅后衷告

"重复"他人的名字

每重复一遍你想学的东西，记住它的可能性就会增大。因此，要想记住他人名字，就要多使用他人的名字。首先，在同新结交的人谈话时尽可能地提起人名。这种重复能帮你更牢固地记住人名，而且会使对方对你产生好感。比如，"你好，王××先生"，"王××先生，您请坐"，"王××先生，我很同意您的看法"等。要是在对话中能重复名字三遍，大概就能把这个名字记住了。此外，你还必须利用零散的时间不断地"重复"他人的名字。你可以把要记的名字列个单子，在茶余饭后念叨念叨，相信花上一周时间就可记住。

不知道说什么，不妨说说这些"废话"

口才提醒

语言本身并不一定完全都趋于某种目的，没有目的的语言，更能让人亲近。

废话看似无用，但你知道吗？人际关系90%的内容，都是由废话构成的。"今天天气真好！"——这就是一句废话。现实生活中，那些经常尬聊的人，就是因为他们不愿意也不会讲废话。

聊天，如果你不会说"废话"，就从下面这些话题开始吧。

天气。天气几乎是中外人士最常用的普遍的话题。天气对于生活的影响太大了，天气很好，不妨同声赞美；天气太热，也不妨交换一下彼此的苦恼；如果有什么台风、暴雨或是季节性流行病的消息，更值得拿出来谈谈，因为那是人人都关心的话题。

新闻。轰动一时的社会新闻也是闲谈的资料。假使你有一些特有的新闻或特殊的意见和看法，那足可以把一批消费者吸引在你的周围。

保健。怎样可以增强体质、怎样可以减肥等医疗保健的话题，这也是人人都感兴趣的话题。特别在遇到有消费者的朋友或其家人健康有问题的时候，假如你能向他提供有价值的意见，那他更是会对你非常感激的。

笑话。自己闹过的有些无伤大雅的笑话，像买东西上当、语言上的误会一类的笑话，多数人都爱听。开开自己的玩笑，除了能够博人一笑之外，还会使消费者觉得你为人很随和，很容易相处。

家庭。关于每个家庭里需要知道的各方面的知识，例如儿童教育、购物经验、夫妇之间怎样相处、亲友之间的交际应酬、家庭布置等，也会使大多数人产生兴趣，特别是家庭主妇类消费者尤其关心这类问题。

此外，运动、娱乐、政治、宗教，等等，还有许多话题都可以作为闲谈的资料。

但是，有一种话题却是一定不能聊的，那就是涉及隐私的话题。如果对方不小心把自己的秘密说了出来，你最好不要刨根问底；我们自己也要做到不要随意透露自己的隐私。否则反而会让双方之间多了一丝尴尬。

当然了，做任何事情都应有个"度"，说废话更不例外。恰当适度的废话有益于打开谈话的局面，但切忌没完没了，时间过长（当然，对方特别有兴致聊时例外）。高明的沟通者，总是善于从"废话"中找到契机，因势利导，言归正传。

隐私话题"七不问"

一不问年龄。尤其是女性，当面问对方年龄是很不礼貌的行为。

二不问婚姻。婚姻纯属个人隐私，向别人打听这方面的信息是不礼貌的。

三不问收入。收入在某种程度上与个人能力和地位有关，是一个人的脸面。与收入有关的住宅、财产等也不宜谈论。

四不问地址。除非你想上他家做客（那也得看别人是否邀请你），否则不要问对方的住址。

五不问经历。个人经历是一个人的底牌，甚至会有隐私。

六不问信仰。宗教信仰和政治见解是非常严肃的事，不能信口开河。

八不问身体。不要随便问别人的体重，更不能问别人是否做过整容手术，是否戴假发或假牙等。

自我介绍，大有说道

口才提醒

······

如何别开生面地介绍自己，给他人留下一个深刻的印象，这才是自我介绍的重点。

······

不管是在职场面试时，还是日常交际中，都会涉及自我介绍。这是日常工作中与陌生人建立关系、打开局面的一种非常重要的手段。

但很多人一提起自我介绍都会感到头疼："我最怕自我介绍了，每次都不知道说什么才能引起别人的兴趣。""我的自我介绍总是很枯燥，枯燥到自己都不好意思说下去了。"所以，我们往往听到的都是千篇一律的自我介绍，无非就是，我叫某某，来自哪里，今年几岁，是干什么的，平时没什么爱好，最喜欢的就是宅在家里看电影，等等等等。

要想摆脱这种尴尬的自我介绍局面，就必须掌握一些技巧。如果自我介绍做得好，不但可以化被动为主动，还会为进一步交流奠定良好的基础。

让我们先来看这样一个案例：

一次非正式聚会中，一位老师将两个初出茅庐的大学毕业生引见给某作家。男生 A 这样介绍自己："您好，我叫 ××，今年刚毕业，正在找工作。"这位作家大概是头一次听人这么介绍自己，听完直发愣，只好接话说："是吗？那加油啊，祝你早日找到满意的工作。"接着二人便陷入了长久的尴尬之中。

而另一位女生 B 则完全不同，她介绍自己的方式是这样的："您好，听说您是一位作家。"作家赶紧谦虚说："哪里算作家，就是随便写写。"她笑吟吟地说："我也是，不过我更喜欢画画，我是一名美院毕业的学生。"这样，女生 B 和这位作家之间就产生了两个共同的话题——写字和画画。等到聊得比较热烈之后，她自然地提到找工作的事，作家则表示可以引荐她认识在美术馆和画廊工作的朋友，一切来得水到渠成。

从这个例子中，很明显看出，男生 A 的自我介绍是不得要领的，首先，他和这位作家完全不熟，在作家对他的性格和特长一无所知的情况下，他传达给作家一个他正在找工作的信息，属于无效信号。而女生 B 的自我介绍则注重拉近与陌生人之间的距离，以攻心为主，每一句话都说到作家心里去了，自然赢得了作家的好感，成功得到作家的帮助。

关于如何做好自我介绍，这里有三点建议：

一是神态上自信大方。如果"怕生"，一见到陌生人，会觉得紧张，思维也会变得不再灵活。本来能说会道，一下子变得结结巴巴，这种状态下，怎么可能把自己介绍好呢？自信大方的人才能展现出独特的魅力。其实，每个人跟陌生人交谈时内心都会不安，自己一定要先放下陌生人情结。只有这样，才能显示出你的大方和热情，而不至于扭捏作态，才会让对方觉得你是一个有良好交际品质的人，从而愿意与你进一步交往。

二是心理上换位思考。自我介绍的目的是让他人了解你，那么你就一定要站在对方的立场上去说话。你要充分考虑到和你打交道的人是谁，如果是长者、严肃的人，最好认真规矩地展示自己；如果你面对的是年轻人，则可以使用活泼一些的语言，做出有特色的自我介绍。另外，还要注意，任何人都不喜欢他人做太过冗长的自我介绍，有时候你只需要说简短的一两句话即可，因为吸引别人的也许正是开篇的某个亮点。总之，必须解读对象的心理和现场的气氛，看准时机再发言。

三是内容上谦虚有趣。我们在作自我介绍的时候，除了突出自己的亮点，还是以谦虚低调为好，免得给别人留下爱吹嘘的第一印象。更要避免谈论让人讨厌的话题，不要一直发表高见，也要学习倾听别人说话。不过，谦虚好说，但要做到有趣就难了，这需要我们具备幽默的品质。例如，有位老师很矮，他就对学生说："我一无所长，却身不由己，但民主意识很好，与同学平起平坐，绝不会高高在上，小心我会借你的漂亮小衣服来穿。"

这位老师以极度夸张的手法来嘲讽自己的缺点，即体现了自己心灵的豁达与乐观，同时也以幽默缩短了与学生的心理距离。因此，不妨提前准备两三句幽默而诙谐的语言，这不仅是特别的自我介绍，而且很容易吸引他人的眼睛，从此便记住了你，以及你身上风趣的品质。

要巧妙介绍自己的名字

与人初次见面时，若想让对方记住自己，最简单的办法就是让对方记住自己的名字。当然这需要一些创意。比如："我姓接，接二连三的接，认识我，你会有接二连三的好运！"让人印象深刻，又心生好感。除了在名字本身上做文章，你还可以说说名字背后的故事，或者家人为什么起这个名字。比如："我姐姐叫燕小云，我爷爷说有云就有雨，所以我叫燕小雨。"简简单单却令人印象深刻。你也可以试试谐音、联想等，对自己的名字作一个简单但容易被别人记住的介绍。

初次见面，说好第一句话

·········· 口才提醒 ··········

只有第一句话起到良好的开端作用，第二句、第三
句……才能精彩地进展下去。

写作中，有人称开头第一句为 "The Opening 'Killer'
Sentence"，好像说写好第一句就等于能将读者 "一枪致命"。
其实，开口说第一句话也是如此。尤其是初次见面之人，陌生
感很容易让双方陷入尴尬之中，开一个好头，之后的相处才会
更加融洽。

有人就此归纳出三 "点" 引言：

一是 "共鸣点"

1984 年 5 月，美国总统里根到上海复旦大学做访问。他与
一百多位中国学生相聚在一间大教室里，他一开口就说了这样
一句话："其实，我和你们学校有着密切的关系。你们的谢希
德校长同我的夫人南希是美国史密斯学院的校友呢！这么看
来，我和各位自然也都是朋友了！" 话毕，他赢得了全场的热
烈掌声。

里根总统一开口就抛出了"共鸣点",成功打开了一百多位异国学生的心扉,接下来的谈话自然就更是轻松、融洽了。为了初次见面交谈的成功,我们不妨也事先寻找一下你与对方之间的共鸣点,可以是朋友的朋友,可以是同一个出生地,可以是都曾去过某个地方……

不过,这里有一点需要注意,这个内容不能是对方不希望提起的,或者是不喜欢和陌生人谈论的,或者是不感兴趣的话题,否则反而会适得其反,尴尬收场。

二是"闪光点"

日本寿险业"推销之神"原一平有一天去拜访一个商店老板,他们并不认识,但原一平一开口就这样说道:"先生,您好,我是明智保险公司的原一平,今天我刚到贵地,有几件事情想请教您这位附近最有名的老板。"老板很纳闷:"什么?附近最有名的老板?"原一平很激动地说:"是啊,根据我了解的结果,大家都说这个问题最好请教您。"那位老板态度明显好了许多:"哦,大家都说是我啊!真不敢当,是什么问题啊?"原一平真诚地说:"实不相瞒,是关于怎样有效地避免税收和风险的事。"这个时候,这位老板很有些被赞美冲昏了头脑的感觉,非常热情地说:"站着说话不方便,请进来说吧!"

也许有些人会埋怨对方没有优点,不知该赞美什么,这其实只能暴露你缺乏发掘他人闪光点的能力。事实上,人人都有自己的长处,即使最普通最平凡的人也绝不是"一无是处",关键在于你是否能够"沙里淘金""慧眼识珠"。

三是"兴奋点"

唐朝时，安徽泾县桃花潭边的小镇有个诗人名叫汪伦，他十分仰慕当朝的大诗人李白，一直想寻个机会亲睹一下这个"诗仙"的不凡风采并交个朋友。有一次，碰巧李白遨游名山大川到了皖南。汪伦便给李白写了封邀请信："先生好游乎？此地有十里桃花。先生好饮乎？此地有万家酒店。"世人皆知，李白的两大喜好便是喝酒和桃花。

接到这封信以后，李白自然欣然前往。见面之后，李白说："我是特地来观十里桃花，尝万家酒店的酒的。"这时候，汪伦才告诉李白："十里桃花说的是十里之外的桃花坡，万家酒店是指万家潭西一个姓万人家开的酒店。"李白听罢，才知自己"上了汪伦的当"，大笑不已，并称赞汪伦的聪敏。

社会生活变幻万千，无论是谁，生活中总有一些能让他产生兴趣、好奇的事，以此为切入点，可能就是一个很好的可以引发谈兴的话题。

阅后衷告

错误搭讪示范

就搭讪这件事而言，光有胆子是不够的，还必须有脑子。下面这几种错误搭讪方式，你中了没？

错误一：急于求成。"美女，能给我一下你的手机号吗？""帅哥，加个微信呗。"在没有任何交流的情况下，直接要号码，让人感觉很随便。更要命的是，这种问法本身就让人很不爽。

错误二：话不走心。现在许多搭讪的人说的话都很雷同——"我感觉如果我不来认识你，我会后悔一辈子。"网络上的搭讪秘籍还是少说为妙。

　　错误三：死缠烂打。搭讪是个概率事件，成功与失败参半。碰钉子时，就应该有点自知之明，人家都说了不喜欢和你交往甚至是恶语相向，这时候就应该马上离开。如果还在死缠烂打，那么反而会被对方更加厌恶。

　　错误四：狗尾续貂。"再见"之后非要加上"有空一起出来玩"，这就是狗尾续貂，画蛇添足！也许人家只是给你一个相互了解的机会，还没把你当成朋友，这句话会让人觉得你自以为是，之前的好印象也许就此毁于一旦了。

懂幽默跟任何人都能聊下去

有幽默感的人不会让人厌烦，有幽默感的话题不会给人压力。

聊天时，即使有了好的话题，但如果你使用的语言过于正统，过于严肃，也就失去了风趣，往往使参与者听而却步，一本正经地聊天是最乏味的，一不小心就把天聊"死"了。因此，一定要注意聊天的口吻。

使用轻松幽默的开场白，听起来话语随意，多取譬喻，幽默风趣，创造出宽松愉快的交谈气氛，才能使参与者在交谈中得到放松和愉快，这样的人自然跟任何人都能聊下去。

有一期《艺术人生》的采访嘉宾是著名主持人杨澜。作为采访对象，杨澜一出场就变被动为主动，对主持人朱军说："我带了两盒面巾纸，一盒给你，一盒给我。"

面对杨澜突如其来的"主动挑衅"，朱军迅速夺回了主动权："红男绿女，还特别讲究。桌上有了这两盒面巾纸以后，好看多了。"

《艺术人生》是一档深度挖掘采访嘉宾内心情感的艺术类节目，要求有一定的煽情性。嘉宾经常被主持人朱军勾起往事，潸然泪下，所以杨澜一出场，才说了自己带了两盒面巾纸，一个自己用，一盒给朱军。意思是自己是有备而来，同时又稍等着"攻击"朱军。

　　朱军兵来将挡，用风趣的语言轻松化解了杨澜的攻击，让自己平稳着地，既避免了尴尬，同时也显出了自己老练的幽默。

　　幽默不仅能给他人带来欢乐和笑声，而且还能使人产生被重视的感觉。说话幽默的人，走到哪里都会受人欢迎，让人愿意主动与之接近。

　　不过，现实生活中，更多的人往往对具有幽默感的人赞誉有加，自己却往往不具备这种好品质。其实，幽默感的培养也确实不是一件容易的事。

　　因为要做一个幽默的人，你首先要让自己快乐起来。但面对现代人的紧张生活，忙碌的工作和诸多烦心的刺激，我们却很难保持好心情。

　　为了让自己多笑，你可以：

　　（1）和爱笑的人交往，别人笑可以引发你笑。

　　（2）练习笑，先装笑，就会真的笑起来。

　　（3）幽默和逗趣可以令人发笑。

　　（4）阅读笑料、听相声，一起分享。

　　（5）抓住机会跟着一起笑。

　　其实，生活有苦恼，同样有许多值得你发笑的题材。宾法尼亚大学的马丁·赛利格曼和他的同事研究发现能培养快乐的一个有效办法就是：每天晚上要想三件当天发生的高兴事，并分析其发生的原因。这会使人们更注意发生的好事，同时会使他人忘记每天发生的不愉快。经赛利格曼小组证明的另一个有效方法是让人们看到自身的实力所在。具体方法是：在一个特殊的调查问卷中找出自己最突出的五个能力。

在其后一周的每一天里，运用自己突出能力中的一项或多项。这些能力包括幽默感、积极性、美感、好奇心和求知欲等方面。这种训练的出发点是利用一个人最重要的能力去做可以带来自我满足的事情。

几年前，克和夫兰州立大学教授麦克卡蒂想和自己的孩子共享欢乐，他想个主意，制作了一本幽默手册。麦克卡蒂说："我们管它叫《真是荒唐》，并着手收集编录其内容，结果它成了我们之间的一种真正纽带。"当然，编辑这么一本幽默手册很费时间，但自己备一份笑料，却简单得多。可将自己喜欢的幽默故事剪辑起来，也可准备一本练习簿，随时将日常生活中的幽默轶事记录下来，快乐的习惯不就培养起来了吗？

阅后衷告

有幽默感，身心更健康

一项测验证明了，沉闷乏味的人和具有幽默感的人在以下几个方面存在着差异：

· 智商：经多次心理测验证实，幽默感测试成绩较高的人，往往智商测验成绩也较高；而缺少幽默感的人其测试成绩平平，有的甚至明显缺乏应变能力。

·人际关系：具有幽默感的人，在日常生活中都有比较好的人缘，他可在短期内缩短人际交往的距离，赢得对方的好感和信赖；而缺乏幽默感的人，会在一定程度上影响交往，也会使自己在别人心目中的形象大打折扣。

·工作业绩：在工作中善于运用幽默技巧的人，总是能保持一个良好的心态，据统计，那些在工作中取得成就的人，并非都是最勤奋的人，而是善于理解他人和颇有幽默感的人。

·对待困难的表现：幽默能使人在困难面前表现得更为乐观、豁达。因此，拥有幽默感的人即使面对困难也会轻松自如，利用幽默消除工作上带来的紧张和焦虑；而缺乏幽默感的人，只能默默承受痛苦，甚至难以解脱，这无疑增加了自己的心理负担。

这些差异其实正是幽默感心理调节功能和作用所在。拥有幽默感，你的身心更健康。

学点哄哄人的场面话

得体的场面话同美好的仪容一样，是永远的艺术。

一次，设计师靳羽西做客《鲁豫有约》。靳羽西一上台，鲁豫起身相迎，说道："羽西姐穿得真时尚，是你们公司设计的吗？真漂亮！"

只一句话，就让靳羽西满心欢喜，脸上笑开了花。时尚、美丽是靳羽西最注重的东西，也是她设计理念里最核心的元素。鲁豫这句话不管是真心话，还是哄人的假话，都让她很受用。接下来的采访自然十分顺利。

在古典名著《红楼梦》"刘姥姥进大观园"一回中，有这样一段：

周瑞家的在内听说，忙迎了出来，问："是那位？"刘姥姥忙迎上来问道："好呀，周嫂子！"周瑞家的认了半日，方笑道："刘姥姥，你好呀！你说说，能几年，我就忘了。请家里来坐罢。"刘姥姥一壁里走着，一壁笑说道："你老是贵人多忘事，那里还记得我们呢。"说着，来至房中。周瑞家的命雇的小丫头倒上茶来吃着。周瑞家的又问板儿道："你都长这们大了！"又问些别后闲话。又问刘姥姥："今日还是路过，还是特来的？"刘姥姥便说："原是特来瞧瞧嫂子你，二则也请请姑太太的安。若可以领我见一见更好，若不能，便借重嫂子转致意罢了。"

在这段对话中，刘姥姥与周瑞娘子说的大部分都是"场面话"。"场面话"，顾名思义就是在某个"场面"才讲的话，往往就说三言两语，这种话不一定代表你内心的真实想法，也不一定合乎事实，但讲出来之后，就算对方明知你"言不由衷"，也会感到高兴。刘姥姥这一番场面话，就让周瑞娘子觉得，刘姥姥虽然是个出身寒酸的人，但还是很懂礼数的。同时，刘姥姥也化解了自己寒酸的尴尬身份，之后双方再聊起正题就显得亲切许多，自然，周瑞娘子也会给刘姥姥一个见主子的机会。而如果刘姥姥实话实说是来找别人的，周瑞家的面子上不好看，她也一定不会让刘姥姥有面子的。

所以，多学点场面话，还是很有必要的。

一般来说，场面话包括以下几种：

奉承话

尤其是当你与陌生的人或不熟悉的人交往时说点奉承话无疑是清除距离障碍的第一把钥匙。诸如称赞小孩子可爱聪明，称赞女士的衣服大方漂亮，称赞某人教子有方……即使听起来说起来有些违心，但只要不太离谱，听的人十之八九都感到高兴，而且旁人越多他越高兴。

敷衍话

如果对方希望你帮什么忙，即使你不能帮忙，也不能当面拒绝，因为场面会很难堪，而且会马上得罪人，这时你就可以说这样一些敷衍的场面话，诸如"我全力帮忙""有什么问题尽管来找我"等。给足对方面子，不至于让他下不来台，他也会觉得你是个顾全大局的人。

当然，反过来说，我们自己对于他人拍胸脯答应的"场面话"，也要有清醒的头脑，千万别为两句好话就乐昏了头，不然可能会坏了大事。要知道对方说的是不是"场面话"也不难，事后求证几次，如果对方言辞闪烁，或避不见面，或避谈主题，那么你就应该知道，对方说的就只是"场面话"了。

客套话

在一些特定场合，你必须学会说一些有针对性的客套话。比如在打扰别人或者给对方添麻烦时，要真诚地说一声"对不起""不好意思"，一旦没有了这句话，对方可能很长时间还对此事耿耿于怀，甚至对你的人品素质也会产生怀疑。再比如，在作报告或者讲话时，可以先这样客套一下："我的讲话水平不高，讲得不好，还请大家见谅"，"如果讲得不好，还望大家多多指正"……这类客套话表面上看似随口而出，实际上确实起到了表现自身涵养的作用。

看到这里也许会有人对场面话的"虚假"嗤之以鼻，但实际上，这里的"虚伪"并不是可耻的行为，因为它并不是为了欺骗而存在的。随意表现出自己最真实的一面，才是在交际中行不通的。在必要时，要说些无伤大雅的场面话，既让对方高兴，又不损害自己的利益，何乐而不为呢？

阅后衷告

不要用错客套话

下面是一些特定场合的客套话，你不妨记下来并正确运用：

初次见面说"久仰"，再别重逢说"久违"。

等候客人说"恭候"，客人到来说"光临"。

未及欢迎说"失迎"，起身作别说"告辞"。

看望他人说"拜访"，请人勿送说"留步"。

陪伴朋友说"奉陪"，中途告辞说"失陪"。

求人帮忙说"劳驾"，求人方便说"借光"。

请人解答说"请教"，盼人指点说"赐教"。

麻烦别人说"打扰"，请人办事说"拜托"。

向人祝贺说"恭喜"，赞赏他人说"高见"。

厕所遇领导，招呼怎么打？

微笑和赞美，是任何场合下你能做出的最佳反应。

　　同在一个单位，上下级免不了有在厕所相遇的时候，假如你在这个特殊、隐私的地方，遇到领导了，你会怎么说？

　　在猫扑上有一个帖子《在厕所你是怎么给别人打招呼》，就叙述了一件在单位上厕所打招呼引起的尴尬事。发帖的楼主说，他刚进公司没多长时间，中午吃了饭后去上厕所，碰巧遇到老总。当时自己很紧张，不知说什么好，顺口来了句"吃饭了吗？"一下子，两个人都觉得很尴尬，瞬间石化。后来，楼主一直对此事耿耿于怀，就上网向网友们求助。这个帖子一出，立刻引发了网友们的共鸣。

　　这的确是一个比较突出的问题，不打招呼当然不行，打招呼吧一时还真找不到合适的话题。

　　集思广益，要想打破"厕所遇领导"的尴尬魔咒，你可以试试以下几种做法：

一是微笑以对。大家之所以来厕所都是着急解决"问题"的。无论你说什么，领导都没有心思听，他着急自己的事儿呢。所以，最好的做法就是会心一笑，各人解决自己的问题。也有人建议在厕所遇到领导时不说话，对领导点头示意就行了。不过这样做有"以下犯上"之嫌，因为"点头"一般都是上级对下级，所以，这种做法还是慎用为妙。

二是巧妙恭维。这一点尤其适用于女下属在厕所遇到女领导，比如，夸一下"今天您的唇膏好漂亮"，或者"您这身衣服搭配得很好看"之类的，领导一定会高兴地对着镜子好好照照，不信你可以留意一下。

三是简单汇报。如果你看领导不太急的话，也可以简单地说一下他交代你的工作完成的进度。但切记一定要几秒钟内汇报完毕，长了，你就耽误领导"正事"了。如果你实在找不出话题，那就索性回避这种情况，见到领导去厕所，自己就先不去；或领导没发现自己，就赶紧溜出来，等他出来你再进去。

另外，如果是遇见熟识的同事，就可以选择一些比较轻松的对话方式。可以说一些幽默、又不让人尴尬的话，比如说句"人生何处不相逢，此处相逢胜别处"，或者聊聊天气、穿衣等。

阅后衷告

厕所里的聊天禁忌

1. 不论人非。厕所里闲聊两句没什么，但千万不要嘀咕他人的私事，小心隔墙有耳。尤其是如果当事人恰好也在隔间的话，那就更尴尬了。

2. 不开黄腔。有的人为了显示自己的幽默，在厕所里大讲"黄段子"。这也不妥。厕所毕竟是人来人往的公共场所，谁也不知道出现在面前的会是谁，同事听到就算了，领导听到会对你的印象大打折扣。

到什么场合说什么话

一流的人际关系以一流的说话水准为基础，一流的说话水准又必须以看对象说话的能力为依托。

说话一定是双向的。不论在公共场合发表演讲，还是与别人聊天，除了自己之外，还有听话的人，因此，说话人不能想说什么就说什么。"到什么山头唱什么歌"，根据说话对象和时机的不同特点说相宜的话，才能避免不必要的尴尬，创造和谐、融洽的气氛，达到顺利表述己意的目的。

看对象

一天深夜，英国的维多利亚女王办完公事，回到卧室，只见房门紧闭，只好咚咚咚地敲起来。

她的丈夫阿尔伯特问："谁？"

女王回答："我是女王。"

房门没有打开。女王耐着性子再敲。阿尔伯特又问："谁？"

女王回答："我是维多利亚。"

房门还是没有打开。女王想了想，再次敲门。

阿尔伯特再问:"谁?"

女王回答:"你的妻子。"

门"呀"一声开了,同时张开的,还有阿尔伯特的一双温情的手臂。

维多利亚女王的三次回答就告诉了我们这样一个真理,对不同的人应该使用不同的措辞。

如果你在跟别人说话时,曾经听到对方说"你竟然这样对我说话,这还算是朋友吗?"或是"千万别说那种见外的语,我们交往了多年,应该说是好朋友了。"这往往就是因为你的措词不当造成的。

要想使用正确的措辞和表达方式,就要看自己是否能正确地衡量与他人之间关系,这是各人的教养,这也是为什么有教养的人说起话来总让人感到如沐春风的关键所在。

首先,正确判断彼此心理的亲疏。对朋友就随意些,对长辈、上级或不太亲近的人,要用敬语,对小孩就用对待小孩的语言。

其次,了解对方的性格。性格外向的人易于"喜形于色",和他可以侃侃而谈;性格内向的人多半"沉默寡言",则应注意委言婉语、循循善诱。

第三,了解对方的一些经历情况和生活状况。由于思维方式的不相同,也要特别了解他的生活愿望,生活观点。

第四,必须注意对方的心境特征。如果在交谈当中,不顾对方的心理变化,而一味地将想法统统搬出来,那么,你是得不到他的认同的。一厢情愿的谈话往往会让对方厌恶。

最后，还必须考虑到各种忌讳。例如，在社交场合，就不宜向各种专业人员要求提供免费的建议。即使你的问法很有技巧，那也是一种冒犯，即使你问得再有技巧也瞒不过专业人员。男人常喜欢在交易场合和律师谈他们和敌手之间的问题，女人则喜欢在公共场合和医生谈她们的孩子和丈夫。这其实与我们经常所遭遇到的向电器商人索取免费的电器，并无不同。

看时机

一对夫妻，妻子回来后根本没有看丈夫的脸色如何，就抱怨说："你回到家只顾看电视，喝茶，连饭都不做，难道非要等我吗？"丈夫也是抱了一肚子怨气："我刚刚才进屋，你进门就数落，你不愿做饭就别做，别再来烦我！"妻子叫道："你烦？我比你还烦！"接下去的场景就可想而知了，一场无谓的争吵开始了。

同样的两个人，如果换一种说话方式，情景就会大有改变。妻子进门说："今天公共汽车太挤了，回来晚了。哦，还没做饭，我马上去做。"我想，这时丈夫也许会马上会跳起来说："我也刚刚进屋，你休息一会儿，我去做。"这种说话的方式还能引起争吵吗？

所以说在任何环境，说话前都应该先看看对方的脸色，揣摩一下对方的心绪如何，考虑从什么话题切入，这样才能最大限度地避免引起尴尬，甚至冲突。正如上面提到的夫妇，可能在外面都忙了整整一天，在工作中，在同事中间也许还会发生不畅快的事情，如果回到家中不顾对方的心境如何，无缘无故地指责，当然就会引发无端的争吵。

因此，开口说话前，把你想找的谈话对象特有的心境作为一个独立的要素提出来是很有必要的。如果时机不对，还是不说话的好。一般来说，对方正在工作紧张的时候，不要去说话；对方正在焦急的时候，不要去说话；对方正在盛怒的时候，不要去说话；对方正在放浪形骸的时候，也不要去说话；对方正在悲伤的时候，更不要去说话，只要有上述几种情形之一，你去说话，一定会碰一鼻子灰，不但说话的目的达不到，而遭冷遇，受申斥也是意料中的事。

　　如果非说不可，记住两个原则：

　　一是和善。比如在学校的食堂里看到，一个男生不慎将热汤洒在了一位女生的裙子上，他说："真对不起，把汤洒在你这么漂亮的裙子上，多么难洗呵"。这种善意亲切的语言一下改变了气氛，这位男生既承认了自己的错误，又对女生的裙子给予了赞誉，还道出了"难洗"对生活的关心，这种"一石多鸟"的语言让女生受感动。

　　二是简洁。说话时开门见山，直抒胸臆。在使用这种方法时你不必大段地铺陈困难，理由和原因，可直接说我要做什么，我需要什么。因为人在心绪不佳或正处在烦恼的时候整个注意力正集中在其他的事情上，根本不会有心思听你的讲话，考虑你的问题。你的喋喋不休只会引起对方的反感。记住：语言在精，而不是在多。

　　事实上，说话的成功与失败，诚然与你的说话技巧有关，而是否得其人得其时，也与你说话的成败有很大的关系。多说话，别人未必当你是能干；少说话，别人也未必当你是呆子。

阅后衷告

没表情不等于没情绪

生活中有些人，不管别人对他说了什么，做了什么，他都是一副毫无表情的面孔。但没表情不等于没情绪，因为内在的感情活动倘若不完全呈现在脸部的肌肉上，也总是显得很不自然，越是没有表情的时候，就越可能是他内心感情极为强烈的时候。例如，有些职员对上司不满，但又敢怒不敢言，只好故意装出一副无表情的样子，显得毫不在乎。而实际上，再怎么压抑，他内心仍然强烈不满，如果你这时仔细观察他的面孔，就会发现他的脸色不对劲。内心强烈的不满情绪使得他们瞪大眼睛，皱鼻子，或面部表情不自然。如果看到对方显露出这些细微变化，则说明对方的深层意识正陷入激烈的情绪冲突中。如果上级能从这种死板的面孔或抽筋的表情中得知下属的情绪，并且开诚布公地与下属交换意见，便可以积极改善与下属的不良关系，树立自己的良好形象。

Part 2

发起热聊不尴尬，激活兴趣找话茬

开好场只能算成功了一半，要想整场谈话真正地融洽愉快，我们还应该掌握一定的热聊技巧。这就要求我们平常必须要注意积累好的话题素材，比如，积累生活常识、时局话题、八卦话题等，建立自己的话题库。同时，还应该学会掌握引出话题的分寸，并且还要巧妙地让对方给你好话题。只有这样，我们才能无论见到什么人，都能滔滔不绝地说出对方感兴趣的话，进行一场畅通无阻的洽谈。

一样话，百样说

·········· 口才提醒 ··········

一样话，百样说，看你会说不会说。换一种方式，得不
同结果。

在一个教堂里，有一天教士在做祈祷，有一个教士熬不住
烟瘾，便问主教："我祈祷时可以吸烟吗？"结果，遭到主教的
斥责。第二天，另一个教士也犯了烟瘾，他却换了一种方式发
问："我吸烟时可以祈祷吗？"主教笑了笑，答应了他的请求。

可见，同样是一句问话，甚至词句都一字不变，但只要重
新组合，换一种方式发问，得到的效果就会截然相反。

现实生活中，那些经常遭遇冷场尴尬和反对意见的人，也
应该分析一下原因，是不是你自己的问话方式出了问题？

例如，许多人在跟人聊天时，喜欢问"你是不是……"这
样的问题，而造成的结果往往是别人回答了是或不是以后，就
会进入沉默状态。要想避免类似的冷场尴尬，不妨提一些开放
性问题让对方回答。尤其是和不熟悉的人聊天时，要这样问：
"你认为……怎么样"，这样的问题，一来对方可以发表自己的

意见，有话可说；二来你也可以从中知道对方对某事物的看法，从而找到你们共同感兴趣的话题。

当然，在如何提问上有也一些技巧，例如，在一些会议上，常可以听到主持人这样问大家："我讲完了，不知大家还有什么高见？"从表面上听，这样的问话好似充满虚心，但都没有实质性的意义，也无法打动别人。因为谁敢肯定自己的见解就是"高见"呢？其实不如这样说："大家可以畅所欲言，有什么想法尽管提出来。"往往会炒热会场氛围。

不过，开放性提问也不代表漫无边际。有时也需要把问话指定在你所要提问的范围。比如你问一位留学生："你到哈佛干什么来了？"这样发问让人很难回答。如果你这样问："你到哈佛是为学习经济学吗？"他就会在你指定的范围内回答："是的。"或者"不，我是来研究国际法的。"

另外，在某种场合问话还一定要注意婉转，用婉转的语言去打动对方也是不可或缺的问话技巧。因为它可以避免当面直接拒绝对方时出现尴尬局面。

例如，你若是这样直接地问："我们到哪家饭店去吃饭？"对方也许还有其他重要事情，因此拒绝你的邀请就会造成不愉快。如果你换一种问话方式："你有时间的话陪我一起去吃饭好吗？你看去哪家饭店比较合适？"这样发问就给对方留有很大的回答空间，他就是拒绝你也会有充分的理由，能让双方的心都得到平衡。

其实，这种问话方式中还包含一种技巧，那就是商量。其实，"吃软不吃硬"可以说是人类的一种普遍心理，倘若你总是以一副高人一等的姿态，用命令的口吻说"你去给我做……""你必须……"十之八九会遭遇被驳回的尴尬，即使迫于你的身份或地位，对方当时听了你的话，接受了你的指派，但心里肯定也会不舒服，更不会对你产生好感。如果你能切身地转换一下角度、转换一下语气，适当地体谅一下别人的感受，凡事以商议口气和给对方留有余地的方式提出建议或想法，不仅能让他人愉快地接受你的建议，而且也会对你更加尊重和信任。

当然，问话的方式也并不是局限在以上几点的范围，在交际过程中要从实际需要出发灵活运用，恰当地选择发问方式，才能避免陷入尴尬处境，求得最佳效果。

阅后衷告

放下架子跟孩子说话

命令的口吻，在亲子之间是最难消除的，99%的家长都做不到凡事和孩子商量。因为当亲子沟通出现问题时，父母总是不愿意自己的父母权威受到挑战，希望以父母的权威来压制孩子，使孩子改变主意。但结果，孩子不仅不会听从父母的意见，反而会产生逆反心理，恶化亲子关系。实际上，商量的语气对孩子来说非常重要，当父母放下架子，把孩子当成平等的人来看待时，孩子会认为你尊重他，关心他的感受，从而对你产生好感和信任，才会愿意接受父母的建议，共同解决问题。而且，更重要的是它还可以教会孩子在社会上怎样做人和与人共事。

夸人要夸到点子上

古时候有一个说客，当众夸下海口说："小人虽不才，但极能赞美。平生有一愿望，就是要将1000顶高帽戴给我最先遇到的1000个人，现在已送出了999顶，只剩下最后一顶了。"有个长者听后摇头说道："我偏不信，你那最后一顶用什么方法也戴不到我的头上。"

说客一听，忙拱手道："先生说得极是，不才从南到北，闯了大半辈子，但像先生这样秉性刚直、不喜赞美的人，委实没有！"

长者顿时手拈胡须，洋洋自得地说："你真算得上是了解我的人啊！"听了这话，那位说客立即哈哈大笑："恭喜恭喜，我这最后一顶帽子刚刚送给先生您了。"

这虽然只是一则笑话，但它却有深刻的寓意——夸到点子上，任何人都无法拒绝赞美之辞。

但现实生活中，大多数人却仅止于知道赞美的重要，而苦于找不到赞美的方法。乱捧一场的结果就是，不但弄得双方都尴尬，搞不好还会给自己招来一顿臭骂。

其实，赞美绝不是专拣好听的话胡说一气，如果你赞美的地方是对方毫不在意之处，那么哪怕你磨破嘴皮子，只怕也收效甚微。夸人只有夸到点子上，赞美到对方的心坎里，才能让对方真正受用。

小 S 是这方面的行家里手，生活中和主持的栏目里，她经常夸奖嘉宾，不仅让嘉宾感到很受用，还让观众大叹高明。冯小刚做客《姐姐好饿》，节目中两人聊到了冯小刚主演的电影《老炮儿》。小 S 高度赞许了《老炮儿》取得的各项成就。

《老炮儿》是冯小刚主演的电影，也是他引以为傲的影片，正是凭借这部影片，冯小刚一举夺得了金马影帝。小 S 赞许这部影片，自然让冯小刚满心欢喜。

正如前面所讲，夸人要夸到对方心坎上，夸到点子上，要不然，效果就会大打折扣，甚至会起到相反的作用。

赞美对方引以为豪的地方

人性中有一个共同的心理特点，那就是喜欢别人赞美自己最得意最看重的方面。要做到这一点，就要求我们在赞美别人之前，首先做到"知彼"，摸清对方的兴趣、爱好、性格、职业、经历等背景状况，对症下药，抓住其最重视、最引以为自豪的东西，将其放到突出的位置加以赞美，这样才能够最大限度地满足对方的心理需要。比如，孩子的父母总是喜欢别人夸奖自己的孩子，这就要比赞美他们本人更能讨得他们的欢心。

隐藏的闪光点更需要夸赞

锦上添花固然好，但雪中送炭更可贵。因此，称赞一个人时，与其称赞他最大的优点，不如发现他最不显眼，甚至连他自己也未曾发现的优点。因为他最大的优点已成为他性格中的一部分，在任何人看来都已是不足为奇的了。而那些小小的优点，因为从未或很少有人发现，因此也就弥足珍贵。而你的发现与称赞为对方增添了一份对自己的认识，也增加了一次重新评估自己价值的机会。同时，你不同凡响的观察力还会获得对方的器重。比如，当一个朋友取得了某种成就，在其他人都祝贺他的成绩时，你说"真不错，一定花了你许多心血吧！"他一定会感动不已，视你为知己。

细微之中更容易显现真情

俗话说"细微之处见真情"，对方之所以在细节上投入那么多的心思与精力，一方面说明对方对此有特别的重视或偏爱，另一方面也说明对方渴望这一部分努力能够得到别人的关注与赏识，能够得到应有的报偿与肯定。如果你可以抓住某人在某方面的行为细节，不失时机地以赞美和感谢来回报对方的良苦用心，这不但会带给对方巨大的心理满足，而且会加深彼此情感沟通和心灵默契。例如，一次宴会上，面对美国总统尼克松的夫人精心布置的鲜花展台，法国总统戴高乐没有像其他大人物那样视而不见，而是即刻领悟到了对方在此投入的苦心，并及时地对这一片苦心表示了特别的肯定与感谢。即使言语简短，但尼克松夫人却获得了深深的感动。

总之，赞美要落到实处，落到"点"上，才会让谈话的氛围更加融洽，并由此对你产生好感。如果对方因你的"赞美"而对你嗤之以鼻，还不如不夸呢。

阅后衷告

赞美要先贬后褒

其实虽然人性的弱点使然，人都喜欢听到好话。但同时，人也是理性的动物，人喜欢正面刺激也是有理性分析的。一味的肯定、说好话，由于区分性差，针对性不强，很容易让人们怀疑其诚意，而先贬后褒则不仅会被认为是客观的表现，还会被认为对方有交往的诚意。

举例来说，相比"哇塞，从没见过这么好身材的！""从没见过像你这么有气质的！""你好能干呀！"……这类"肯定——肯定"句式，给人的喜欢程度最终赶不上诸如："开始我觉得你这人有些清高，时间长了，我发现你其实是挺随和的一个人，我喜欢你这样的人——真实。"

需要注意的是，前面的否定是为了后面的肯定做铺垫，所以，如果前面抑得过低的话，后面必须扬得意外，才会有好的效果。

不露痕迹的恭维才高明

每个人都有喜欢被别人恭维的心理，即使那些平时说讨厌"拍马屁"的人其实内心也是喜欢听恭维话的。但从传统心理上说，人们在受到称赞时又往往会表现出窘迫，不好意思接受直接的赞美，更不好意思轻易赞美别人。

其实，这个矛盾不难解决，关键是恭维话要说得巧妙，不显山露水，不露丝毫痕迹，恰到好处，恭维和被恭维的人就都会怡然自得了。

借题发挥

借题发挥式的赞美主要是含蓄地表达赞美意向，从而不露痕迹地巧妙称赞对方，让对方在不知不觉之中潜移默化地受到融洽气氛的感染。这个"题"可以是人，也可以是事，甚至是物。例如下面这个例子：有一次，一位办理房地产转让的房地产公司业务员，托朋友的朋友写了一封介绍信，来到一个客户家。进门后双方握手寒暄，业务员说："这次有幸能够拜访您，多亏了 x 局长的引荐，他本人对您极为敬佩，还特地叮嘱我拜访您时，务必求得先生的亲笔签名。"说着，业务员从包里拿出了客户最近出版的新作。至此，客户完全放下了心里的戒备，不由自主地信任了这个业务员。

其实，业务员索要签名的要求只不过是在借题发挥，为自己顺利办事而制造出师之名，其实真正的目的是对客户进行恭维，进而使他高兴地与自己聊接下来的正事。

另外，我们也可以从对方的职业、籍贯、民族、习俗、地域、特产、气候特点等方面进行——"听说您的母校非常有名，出了许多优秀的人才。""您是山东人呀，山东真是太厉害了，自古都是英雄好汉。"……总之，只要能找到恰当的"题"，并加进自己的赞美，就会让对方觉得顺理成章，很自然就会从内心接纳你的赞美。

以面带点

以面带点式的赞美即不直接赞美对方，而是针对对方的优点，大加赞美其优点所在的层面，这样以面带点，言在彼而意在此，不着痕迹，却使对方如沐春风。例如，《围城》中的方鸿渐，经苏小姐介绍认识了苏的表妹唐晓芙，唐晓芙说自己是学政治的，给方鸿渐提供了一个自己还算内行的信息。一般说来，女孩学政治是比较有野心而且缺乏灵气的，因此苏小姐夸她道："这才厉害呢，将来是我们的统治者，女官。"方鸿渐从她的话里发掘出了闪光点，大加渲染了一番，说："女人原是天生的政治动物，虚虚实实，以退为进，这些政治手腕，女人生来就全有。女人学政治，那正是以后天发展先天，锦上添花了。我在欧洲听了 Emst·Bergmainn 先生的课，他说男人有思想创造力，女人有社会活动力。所以男人在社会上做的事该让给女人去做，男人好躲在家里从容思想，发明新科学，产生新艺术。我看此话甚有道理，女人不必学政治，而现在的政治家要想成功，都得学女人。政治舞台上的戏剧全是反串。老话说，要齐家而后能治国平天下，请问有多少男人会管理家务的？管家要仰仗女人，而自己吹牛说大丈夫要治国平天下。把国家社会全部交给女人有多少好处。"方鸿渐一席话说得唐晓芙心花怒放。自然，这一番颇费心思的间接式赞美也达到了他预期的目的。

摆低姿态

人都有"好为人师"的自大心理，所以在许多时候，以低姿态有针对性地去请教他人，以自己的普通甚至低劣凸显对方在该方面的高明或优势，也可以起到赞美他人的作用。

例如，我们经常在一些商场遇到这样一些情形：开始营业员同顾客在质量、样式或价格上争论得很厉害，但后来，营业员改变了战术，突然转而夸奖顾客在商品方面知识经验丰富，说："能看出来，先生是一个特别懂行的人，我真得好好向您请教请教！"或者说，"即使你不买这件商品，我的收获也很大！"很多人听到这番话，不但将讨价还价的事转瞬间忘在了脑后，甚至有些顾客会感到不买下商品就对不住对方似的。事实上，这正是营业员摆低姿态，巧妙地运用了请教式赞语的结果。

总之，如果你对热情洋溢的直接赞美缺乏足够的自信，或存在尴尬顾虑，那么不妨采用这种不露痕迹的间接式赞美。这样无论怎样使用溢美之辞都不显得露骨和肉麻，而对方又能够同样领会到自己的"真情厚意"和"良苦用心"。

阅后衷告

越傲慢的人，越爱听恭维话

有的人义正辞严，口口声声愿听批评，其实这只是他的门面话，你如果信以为真就大错特错了。实际上，越是傲慢的人，越是爱听恭维话，越是喜欢接受别人的恭维。如果你不了解这一点，总是毫不客气地率直批评对方的缺点，那么，他心里一定老大不高兴。表面上虽然未必有所表示，内心却是心有芥蒂，对于你的感情，只有降低，绝不会增值，也许会在其他事情上给你难堪也说不定。

会说，不如会听

········ 口才提醒 ········

上帝给了我们两只耳朵，一张嘴，是让我们少说多听。

如果看过《傲慢与偏见》这本小说，你也许还记得这个场景：丽萃在一次茶会上专注地听着一位刚刚从非洲旅行回来的男士讲非洲的所见所闻，几乎没有说什么话，但分手时那位绅士却对别人说，丽萃是个多么擅言谈的姑娘啊！

可见，有时候会说还不如会听。静心地倾听，贴心地安慰，真心地理解，通常比巧舌如簧更能获取他人对你的好感。

事实上，一个不懂得倾听的人是很难成为说话高手的。许多口才大家不但能说、会说，而且更懂得倾听。拿小S来说，她不但擅长在各种场合高谈阔论，而且更懂得在该静下来的时候认真听对方说，不插一言，属于一个高层次的口才达人。

很多时候，我们生活中或工作中所遭遇到的尴尬情况，正是由于自己不肯耐心倾听他人说话而造成的。关于这一点，世界上最伟大的推销员乔·吉拉德就深有感触。以下是他的亲身经历：

有一次，一位客户来找他商谈购车事宜。在销售过程中，一切进展顺利，眼看就要成交，但对方突然决定不买了，拂袖而去。乔·吉拉德尴尬当场却又百思不得其解。

到了晚上，乔·吉拉德仍为这件事感到困扰，他实在忍不住就给对方拨通了电话。"您好！今天我向您推荐那辆车，眼看您就要签字了，为什么却突然走了呢？"

"喂，乔·吉拉德，你知道现在几点钟了？"

"真抱歉，我知道是晚上11点了，但我检讨了一整天，实在想不出自己到底错在哪里。因此冒昧地打电话来请教您。"

"真的？"

"肺腑之言。"

"很好！你是在用心听我说话吗？"

"非常用心。"

"可是，今天下午你并没有用心听我说话。就在签字前，我提到我的儿子即将进入密西根大学读书，我还跟你说到他的运动成绩和将来的抱负，我以他为荣，可你根本没有听我说这些话！"

听得出，对方似乎余怒未消。但乔·吉拉德对这件事却毫无印象，因为当时他确实没有注意听。话筒里的声音继续响着："你宁愿听另一名推销员说笑话，根本不在乎我说什么，而我也不愿意从一个不尊重我的人手里买东西！"

这次经历让乔·吉拉德发现了倾听的重要性，其实也给我们敲了一个警钟。其实任何时候都不可能只有一方信息的传达，即使在以传达为主的一方，也会因为接受方的不同表现而调整自己的传达方式，而这一定是建立在倾听的基础之上的。而且，尤其是对不善言谈的人来说，倾听也可以有效地解决自己因不愿多说而带来的怯场心理。

不过，倾听并非只用耳朵就可以，正如著名心理学家狄金森所说："好的倾听者，用耳听内容，更用心听情感。"倾听，还应该包括所有的感官，你的眼睛，你的神情，你的肢体动作。

首先，你要用眼睛、脸孔甚至整个身体去倾听对方的话。如果你真正热心地听对方说话，你就会在他说话时看着他，你会稍微向前倾着身子，你脸部的表情也会有反应。而且，倾听不只包含听到对方说什么，还观察到对方非口语行为所蕴含的意义，注意到其手势、表情、神态、声调、身体动作，当一个人心口不一时，往往可从非语言信息看到真正的含意。然后对于所听到、观察到的，给予适当而简短的反应，一个点头，一个微笑都可以，这不仅表示你在听，而且表示你在很用心地听，这是对说话人的理解和尊重。这样的示意，能让对方感受到你的肯定和鼓励。

其实，你要将意见或者建议反馈给对方，这也正是你用心倾听对方说话的最好证明。不过，直截了当有时候会显得粗鲁无礼，你需要掌握诱导性发问的技巧。这也是任何一个想要成为好听众的人所必备的技巧。诱导性的发问是，在发问中灵巧地暗示着发问人内心已有的一个特殊答案，而不直接提出对方不想听的劝告。诱导性的问话，就是一个既可以刺激谈话，推动话题，又不会失败的技巧。例如，你可以提出这样的问题："你认为做更大的广告，可能会增加你的销路，或者将是一种冒险吗?"你提出这种问题并不是真的给他劝告,但却可以得到类似的结果。

另外,如果你真的没有时间,或者有别的原因不能听别人谈话,就直接提出来:"对不起,我很想听你的看法,但是今天还有两件事情必须马上处理。"这时,一般情况下,都能得到对方的谅解,如果你心里想着其他事,心不在焉地去听别人说话,对方会认为你是在敷衍,反而会对你心存不满。

阅后衷告

插话有"风险",要插讲技巧

插安慰的话。当对方在同你谈某事,因担心你可能对此不感兴趣,显露出犹豫、为难的神情时,你可以趁机说一两句安慰的话,这样可以消除对方的犹豫,坚定他倾诉的信心。

插疏导的话。当对方由于心烦、愤怒等原因,在叙述中不能控制自己的感情时,你可用一两句话如"你一定感到很气愤""你似乎有些心烦"等把对方心中郁结的一股异常情感"诱导"出来。不过,说这些话时不要陷入盲目安慰的误区。即不应对他人的话作出判断、评价,你的责任不过是顺应对方的情绪,为他架设一条"输导管",而不应该"火上浇油",强化他的抑郁情绪。

插综述的话。当对方在叙述时急切地想让你理解他的谈话内容时,你可以用一两句话来"综述"对方话中的含意,这样既能及时地验证你对对方谈话内容的理解程度,加深对其的印象,又能让对方感到你的诚意,并能帮助你随时纠正理解中的偏差。

把"我"变成"我们"

·············· 口才提醒 ··············

　　交谈中竭力忘记自己，多说对方，因为每个人喜欢关注的人往往是自己。

　　有这样一则笑话：有个不知名的年轻剧作家，跟他的女朋友谈论自己的一个剧本。谈了两个小时后，说："有关我已经谈得够多了，现在来谈谈你吧。你认为我的剧作怎么样？"结果女朋友忍无可忍，拂袖而去。

　　先别忙着笑话别人，其实你也可能正是这样一个说话总喜欢说"我"的自我意识超强、自私的家伙。

　　在这类人的谈话中，"我"是出现次数最多、最频繁的一个字眼，他们总是向对方讲"我如何如何"，而对他人漠不关心。他们总以为这种方式可以最好地突出自己，获得别人的尊重。实际上，却恰恰相反，这样谈话的结果多是一个人的尬聊专场，两个人的不欢而散。

　　事实上，真正懂得说话技巧的人，聊天时恰恰总是有意识地避开"我"，而更多地使用"你""我们"字眼。

《福布斯》杂志曾登过一篇名《良好人际关系的一剂药方》的文章，文章的作者就总结出人际关系中最重要的 5 个字是："我以你为荣！"最重要的 4 个字是："您怎么看？"最重要的 3 个字是："麻烦您！"最重要的 2 个字是："谢谢！"最重要的 1 个字是："你！"最次要的一个字是："我"。因为同你喜欢关注自我一样，别人也喜欢关注自己，这样投其所好，会让对方获得一种受重视和受信任的感觉，从而打开热聊模式，更赢得对方的好感。

用"我们""咱们"代替"我"

不知道大家是否留意到，演说家和政治家都喜欢在演说中频频使用"我们""我们大家"等字眼。如他们举起拳头喊："我们要趁早将牛肉自由化，使大家能吃到廉价的牛肉，所以我们必须行使我们共同的权力，以达成这个目的。"此时，成千上万的听众也往往会同样地举起拳头附和着。

这里，演说家和政治家用到的策略就是巧妙地用到了"我们"这一字眼，即使他们是为了个人的利益，但是给听者的感觉却是：这是与大众的切身利益相关的。这样就能够在心理上拉近彼此的距离，消除对方的戒备，也能够有效地达到影响对方的作用。

说"我"时别忘了说"你"

在必须要说"我"的时候，一定不要忘了在说完"我"的时候说"你"，比如当介绍完自己的某种情况或提出了自己的某种观点时，要问一下对方有什么建议或想法。这样就表示了对对方的重视和关注，会让对方因感到被重视而高兴。

把我变成你——"如果我是你"

当把我变成你之后——"如果我是你",它能发挥的效力是不可限量的。例如,有一次,卡耐基就租金问题,前去与经理交涉。他说:"我接到通知,有点震惊,不过这不怪你。如果我是你,我也会这么做。因为你是旅馆的经理,你的职责是使旅馆尽可能赢利。"紧接着,卡耐基为他算了一笔账,将礼堂用于办舞会、晚会,当然会获大利。"但你撵走了我,也等于撵走了成千上万有文化的中层管理人员,而他们光顾贵旅馆,是你花5000元也买不到的活广告。那么,哪样更有利呢?"经理被他说服了。在这里,"如果我是你,我也会这么做"发挥了作用:卡耐基将自己变成了经理,并就此为他算了一笔账,抓住了经理的兴奋点——赢利,使经理心甘情愿地把天平砝码加到卡耐基这边。

现实生活中,如果你在说服别人的过程中,无意中使用了一些不太得当的言词,但由于你巧妙地运用了这句"如果我是你",往往就可以弥补你言词上的过失,不仅如此,它还能促使对方作自我反省,使对方终于感觉到唯有你的忠言,才是对他自己最有利的。

阅后衷告

说话速度快要设法减慢

训练和改进自己的说话速度有一些简单的技巧,如果你说话太快,会影响交流的效果,所以有必要想办法把说话的速度减慢,下列几点方法可以使你语速减慢，反之亦然：

1. 从一数到十，第一次五秒钟说完，第二次十秒，第三次二十秒。

2. 常练习高声朗诵报纸上的文章。先用铅笔将你认为连贯的字词做个记号，朗诵时候，同时移动铅笔，引导你的声音。要是你觉得自己平常说话速度太慢，就加快一些；要是太快，就放慢些。

3. 用录音机录音，然后倒回重放，检查自己的速度是否流畅？是否跳跃停顿？

4. 录下一些好的新闻报道，试着模仿播音员的播音。

合不合拍很重要

······ 口才提醒 ······

　　话语只有和对方合拍，才能奏出和谐美妙的"音符"，也才能受到欢迎。

　　在音乐中，合拍很重要，在说话时，合拍也很重要。只有我们的话语和对方合拍，才能奏出和谐美妙的音符；如果不合拍，蹦出的一定是刺耳的杂音噪音，大家都不喜欢听。

　　女孩 A 和女孩 B 是同事，但是互相都不太热悉，礼拜一早晨，她们聊了起来。

　　女孩 A 说："上个周末我家可热闹了。我的父母，还有姐姐一家三口，在我家玩了一整天，我又是做饭，又是陪他们玩，他们走后，我又把房间收拾了一遍，可把我累惨了！真想好好休息一下。"

　　女孩 B 说："真是够累的！但是上个周末，我生病了，所以我什么也没做，就在沙发上躺着看电视了，昨晚我看了一场台球比赛，奥沙利文的斯诺克，打得太棒了！真是大饱眼福……"

女孩 A 说："真的吗？……可惜我错过了……我其实更喜欢音乐，我看了关于爵士乐的录像，我十分喜欢那一类音乐。"

谈话就此结束，两个人都觉得很是尴尬。这两个女孩的谈话明显不在一个频道上，女孩 A 对台球知之甚少，女孩 B 又不喜欢爵士乐，双方都没有找到共同感兴趣的话题，只能尴尬收场。

当然，这世上没有谁和谁一开始就是同一频率的，说话的双方势必有一方要做出妥协，努力合上对方的拍子。比如：

话题上：要谈论对方所关心的话题，只有对方对你的话题感兴趣，交流才能继续下去。如果对于你所高谈阔论的一切，对方只是在心里嘀咕"这与我有什么关系"，那么，即使你的思想再高明也是一次失败的沟通，正所谓"酒逢知己千杯少，话不投机半句多"。

语调上：真正聊得投机的人，必定是语气相称，声调相合，语速同步，声音大小相宜。假如交谈的双方，一个气定神闲，一个火急火燎；一个慢条斯理，一个抓耳挠腮；一个像诗朗诵，一个像说唱，那一定是早早收场不欢而散。

体态上：应该根据对方心情的表露，调整自己的表情和神色。假如对方一脸阴沉，言语透露着沮丧，看上去像遭受了挫折和打击，你却嬉皮笑脸地迎上去，玩世不恭地跟他说笑，结果可想而知。如果你此时可以尽可能多说一些安慰体贴的话，对方的感受就会好很多，并且觉得你是一个善解人意的人。

观念上：要充分尊重对方的思想观念，不要轻易去挑战它，更不要试图将自己的思想观念强加于人。比如，当和对方的想法发生分歧时，绝对不能张口就来"你错了"或者"你怎么会这么想呢"，这样说的结果，很可能就是在以后的交流中，被对方打入冷宫，不愿再和你交流。正确的做法是和对方求同存异，尽量找到和对方思想观念上的共同点，而不要只盯着不同点不放手。比如，你可以这样说："原来还可以从这个角度看问题，很有意思。"或者说："你是这样想的吗？我没有想到这些。"当你这样说的时候，你并没有迫不及待地亮出自己的价值观去教育对方，也没有立刻否定自己、改变自己的立场，而是既显示了对对方的尊重，又展示了自己作为一个沟通高手应有的礼貌和风度。

风格上：这主要是指你在词语的色彩、句式的选择等方面也要与对方合拍。例如，如果对方说话有条有理、逻辑性强，那么，你就最好全神贯注，有条不紊地交谈，千万不要毛躁，流于肤浅，信口开河；如果对方说话爱发感慨，爱用形容词，喜欢抒发自己的感受，并且把事情描述得生动形象，那么，你不妨也多用一些形象生动的语言或直抒胸臆的语句，千万不要干巴巴地讲道理，他很可能是听不进去的；如果对方是一个新新人类，开口闭口就是"哇，太棒了""简直酷毙了"，你就不要对他说"古人曰，有朋自远方来……""此话差矣……"这话一出就表示双方不是一路人，自然聊不到一起去。

阅后衷告

与人交谈要保持距离

据说在一次谈判结束后的鸡尾酒会上，一位日本代表端着一杯鸡尾酒和美国代表在随意闲谈着，日本人老喜欢贴近别人说话，所以身体不自觉地向着美国人移去，而美国人却不喜欢人家靠着他说话，于是也就不自觉地往后退，结果聊着聊着就变成了日本人追着美国人在大厅里转圈子。

虽说这个故事有点夸张，但其中的道理却不容置疑——掌握谈话的距离是很重要的。既不能太远也不能太近，太远了会使对话者误认为你不愿向他表示友好和亲近，这显然是失礼的；太近的话，稍有不慎就会把口沫溅在别人脸上，这更是令人讨厌的。一般来说，保持一两个人的距离最为适合。

对方关心的事，才是你最好的谈资

奥佛史屈教授在《影响人类的行为》一书中说："不论是商
业界、家庭中，还是学校里、政坛上，最好的一个忠告是：首先，
撩起对方的急切欲望。能够做到这一点的人，就可以掌握世界，
否则将会孤独一生。"

这里，"撩起对方的急切欲望"，说到底也就是要把握对方
的兴趣所在，或者制造兴奋点，也就是就对方感兴趣的话题展
开交谈。

一次白岩松采访一位知名学者。从接触中，白岩松明显感
觉对方对此并不热心。经验丰富的白岩松知道要想打开对方的
话头，破除尴尬的局面，肯定要用一个让对方感兴趣的话题破
局。他根据采访之前搜集到的材料，提出一个让对方十分感兴
趣的话题，果不其然，对方一听到这个话题，激情立即上来了，
不用白岩松询问，就打开话匣子滔滔不绝地开口讲起来。白岩

松的采访任务就在对方主动配合的情况下顺利完成。

正所谓，对方关心的事，才是你最好的谈资。那么，聊天时如何才能真正有效地做到这一点呢？不妨学学下面这几招：

把话题对准对方的经历

每个人都非常重视自己，都喜欢谈论自己，也都希望别人重视自己，关心自己。从对方的生活习惯、得意经历等入手，他一定乐于交谈。例如，美国的金牌寿险推销员乔·库尔曼，就把自己的成功归结为一句具有魔力的话："请问您是怎么开始您的事业的？"

他用一个很典型的例子论证了这种魔力：在他刚开始推销时，曾经遇见了一家工厂的老板，名叫罗斯。罗斯平常工作忙得不可开交，许多推销员都对他无计可施，可是库尔曼却成功地让这个人买了自己的保险。当时推销的情境如下：

库尔曼："您好，我是乔·库尔曼，是保险公司的推销员。"

罗斯："又是推销员。今天，你已经是第 10 个来我这里的推销员了。我手上有很多事情要做，没有时间听你说话。快走吧，别再烦我了，我没有时间！"

库尔曼："请允许我自我介绍一下，只需 10 分钟。"

罗斯："难道你听不明白吗？我根本就没有时间！"

这时候，库尔曼低下头去用了整整一分钟的时间看放在地板上的产品，然后张口问道："您干这一行有多长时间了？"

罗斯说："哦，22 年了。"

库尔曼不失时机地接了下去，继续问道："您是怎么开始做这个的？"

这句话立即在罗斯身上产生了不可抗拒的魔力。他开始滔滔不绝地谈了起来，从早年的不幸到创业的艰辛，再到自己取得的成绩，一口气谈了一个多小时。最后，罗斯还热情地邀请库尔曼参观自己的工厂。那一次会面，库尔曼并没有卖出去保险，但是他却和罗斯成了朋友。然而，在接下来的三年里，罗斯却先后从库尔曼那里买走了4份保险。

"您是怎么开始您的事业的"，把话题对准了对方的经历，其实就是为了提及对方喜欢的话题，引起对方的兴趣，从而为进一步沟通及最后的成功打下了良好的基础。

用他的嗜好撬开他的嘴

心理学家给出了如何引发别人交谈兴趣的三个步骤：第一，找出别人有特殊兴趣的事物；第二，对于别人感兴趣的事物应预先获得若干知识；第三，对他表示你对那件事物真的感兴趣。通常情况下，通过这三个步骤就可以提高对方的交谈兴趣。

也就是说，如果我们可以将对方的嗜好作为突破口，并巧妙地"制造"出你们的共同点，就会大大地提高做事成功的可能。

例如，有个青年想向一位老中医求教针灸技巧，起初，老中医对他态度冷淡，但当青年人发现老中医案几上放着书写好的字幅时，便拿起字幅边欣赏边说："老先生这幅墨宝写得雄劲挺拔，真是好书法啊！"对老中医的书法予以赞赏，促使老中医升腾起愉悦感和自豪感。接着，青年人又说："老先生，您这写的是唐代颜真卿所创的颜体吧？"这样，就进一步激发了老中医的谈话兴趣。果然，老中医的态度转化了，话也多了起来。接着，青年人对所谈话题着意挖掘、环环相扣，致使老中医精神大振，谈锋甚健。终于，老中医欣然收下了这个"懂书法"的弟子。

其实，这并不是偶然的，原来，青年人为了博得老中医的欢心，特地在登门求教之前作了认真细致的调查了解：他了解到老中医平时爱好书法，遂浏览了一些书法方面的书籍，这样，才在交谈中打动了老中医。

任何人说起自己喜欢的东西，都会滔滔不绝。如果再加上双方兴趣一致，那就很容易产生共鸣，迅速消除彼此的隔阂了。

不管你采用的是何种方式，但是道理只有一个：如果想要引发对方的谈兴，就要努力触动对方的内心。其妙方，就是和对方谈论他最感兴趣的事情。

阅后衷告

冷场时的"救急"十大话题

不希望出现冷场的交谈者（或主人，主持者），应当事先作些准备，使自己有一点"库存话题"，以备不时之需。有人就曾列出以下十条话题，可供冷场时"救急"之用：

①对方的孩子；
②对方个人爱好；
③对方事业上的成就；
④对方的健康；
⑤体育运动；
⑥影视戏剧；
⑦新闻趣事；
⑧日常生活中的"热点"；
⑨某地的风情、特产；
⑩旅游、采购。

学会看到什么说什么

通过交流共同话题，双方更容易产生情感共鸣。

除非你提前做了很多"功课"，否则很多时候，我们并不能一下子就选题得当，抓住对方的兴趣点。尤其是刚刚认识一个人，或者感到无话可说时，化解尴尬的最好办法就是：看到什么说什么，即从眼前的事物开始谈起。

因为眼前的事物是双方共同看到的，选择好的话，很容易引起双方的共鸣。比如，你到某人的办公室，在墙上看到一只龙虾标本，你就可以向主人说："好漂亮的龙虾！你一定去过海边钓虾，这是你的战利品，对吧？"

如果这恰恰是主人的兴趣所在，谈话也就由此展开了——

"是的，漂亮极了，去年我到过海湾，你去过吗？"

"我不敢到海水中，我可不如你，我是个旱鸭子。你经常去钓虾吗？"

"嘿，自从上帝发明了钓竿，我就是一个忠诚的钓者，到现在已有 20 年钓龄啦！"

再比如，在一个家庭式的聚会中，你想要结识其中的某一个人，就可以先从客厅中的摆设谈起。看到孩子照片，可以谈谈孩子；看见盆景，可以谈谈盆景，等等。如果一个话题不幸中断，那也不要心急，你还可以进行"自由联想"。比如，你看见了家具，由此联想起木材——木材涨价——森林——乱砍滥伐——生态平衡——植树造林等；由家具还可以联想到家具店——新式样家具——浙江来的小木匠——小木匠的传闻，等等，瞬息之间，就有十几个话题可供选择。

如果是在户外，这一技巧同样适用，比如，你在码头上碰见一个熟人，一时没有话说，就可以从眼前双方都能看到、听到或感觉到的事物中找出几件来谈，码头上的巨幅广告、停靠的船舶和船员，外国游客等。或者在对方身上也能找到话题：衣着和面色等。

一次，时尚女王范冰冰做客《康熙来了》。蔡康永看范冰冰素颜也很美时，顺势夸奖范冰冰如出水芙蓉。

这里，蔡康永就眼前看到的"借题发挥"，与嘉宾一应一合，很快便热闹地聊起来。

总之，凡是这种双方看得到的事物，都容易引起人们的注意，如果发现对方对某个话题感兴趣，谈话就得到发展的机会了。

阅后衷告

移开你的视线

当我们在等公共汽车，站队办理签证时，多为背向后面的人，这种表现为人们所司空见惯，这样做，不仅是为了往前进，也是为了避免同不相识的人视线相交。因为人们觉得，一个人被别人看久了，会觉得被看穿内心或被侵犯隐私权。但也有面对面者，这些人多为朋友、夫妻、亲人、恋人等。这些人会彼此默许自己隐私权受到某种程度的侵犯，因此，他们偶而会视线交错，便于相互言谈，心理沟通。

综上所述，相识者彼此视线相交之际，即表示为有意进行心理沟通。因此，当你希望表达出对对方有好感或兴趣，就要直接看着对方。不过，也不要视线一直盯着对方，这又会给人一种不安感，也许有的人还会觉得害怕。

给真实加点谎言的"佐料"

·······　口才提醒　·······

很多时候，在现实的场合和时机下，"善意的谎言"是必要的，也是有意义的。

·······

不说谎，这固然是一种好品质，但任何时候都说真话也不行。人与人相处是没有绝对诚实的，有时谎言和假象更能促进友情和爱情的发展，这种例子随处可见。

一天，哈佛学生贝里与霍金斯一起去本校拜访一位教授。那个教授在哈弗以为人严肃、平时不苟言笑著称。坐了半天，除了开头说了几句应酬话，剩下的只是让人尴尬的沉默。

忽然，贝里看到教授家养着几条色彩斑斓的热带鱼。他知道这鱼叫"地图"，自己曾送给霍金斯几条。教授见贝里神情专注地盯着自己的热带鱼，就笑着问："还可以吧？才买的，见过吗？"贝里虽然知道那是"地图"却说了一句谎话："还真没见过。叫什么名字？明儿我也打算养几条呢！"霍金斯不解地看看他，心想装什么糊涂，不是上星期还对我说起过吗？

教授一听，来了兴致，大谈了一通自己的养鱼经，贝里听得频频点头。那位教授像是遇到了知音，说说笑笑，如数家珍地给他讲每条鱼的来历、名称、特征，又拉着他到书房看他收集的各类名贵热带鱼的照片，气氛顿时活跃了很多。他们本来打算坐坐就走，不料教授一再地挽留，直到晚饭后才放他们走。教授在他们临走时硬塞给贝里几尾小鱼，还一直把他们从七楼送到楼下。

贝里的一句谎话使教授前后判若两人，本来几乎陷入僵局的交谈又顺利地进行下去了，这都归功于贝里假戏真做的本领，如果贝里就"热带鱼"的问题实话实说，那么场面可能就会继续尴尬下去，教授也不会有如此高的热情。

所以，有时我们必须学会善于把谎言当成真话来说，因为人性中一条很重要的弱点，就是大家都乐于被虚假的事实所安慰。

比如，同事穿了一身新衣服来上班，并询问你对这件衣服的看法。

你觉得衣服的款式很老，如果实话实话：

"你这衣服款式太老了。"

"花了我 800 块钱呢。"（对方企图从价格上反驳）

"800 块？我姐就是卖衣服的，她店里就有这款衣服，300 还价就卖。"结果可想而知。

但如果你可以说点谎话：

"不错，不错，一定很贵吧。"

"花了我 800 块钱呢。"对方的喜悦之情一定会溢于言表。

可见，善意的谎言就像是生活的调味剂，在适当的时候说出善意的谎言，饱含真诚，散发出温暖的光辉，能让说谎者与被"骗"者共享欢乐。而过于真实只会让你身边的人"吃不消"，对你敬而远之。

当然，这个"谎"，你也必须要说得恰到好处才可以。最佳策略便是加上"认真的表情"。最好是在以认真的表情用假话恭维对方时，能够将既干脆又果断的说法及语气派上用场。比如，在与别人寒暄时，说"你看起来容光焕发，神采奕奕"后，马上再加上一句"看起来比你的实际年龄年轻很多"，相信对方必然会有一股飘飘然的满足感，对你更是产生良好的印象。

阅后衷告

"遇物加钱，逢人减岁"

遇物加钱，操作起来很简单，你只要对对方购买的东西的价格高估就可以了。例如，朋友买了一套样式挺不错的西服，你知道这种衣服两三百元完全能够买得下来，便可以在猜测价格时说："这套西服不错呀，至少得花四五百元吧？"这一技巧要求你首先要对商品的物价心里有底，其次是不能过于高估，否则收不到好的效果。

逢人减岁，这种技巧的特征在于把对方的年龄尽量往小处说，从而使对方觉得自己显得年轻，保养有方等，进而产生一种心理上的满足。

5分钟转移一下话题

在适宜的时机转移话题，一定程度会避免使人失去谈话兴趣。

即使一个最好的话题也会有兴趣低落的时候，如果一个话题"熄火"了，别试着再去"发动机器"，而应转移到新话题上。那些善于交谈的人，正是因为懂得在适宜的时机转换话题，才做到了永远不使别人生厌。

那么，每个话题的时间到底多长合适呢？

其实话题的长短完全要视不同话题的价值及谈话人的兴趣而定。一般而言，除非你们所谈论的事情对某人特别重要，否则每5分钟转移一下话题比较合适。有的时候我们必须给人惊喜或提起别人的好奇心。就转换话题的方式而言，我们有三种很自然的方法：

一是让旧的话题自行消失

当你觉得这个话题已经没有什么新的发展的时候，你就停止在这方面表示意见，让大家保持片刻的沉默，然后开始另一个话题。

　　某中学一老师，悉心钻研中国古典文学，出版了 20 万字的《中国诗歌发展史》一书，该校的文学社小记者便到老师家采访。小记者问老师：您的大作《中国诗歌发展史》与读者见面了，我们想请您谈谈撰写这本书的经验，好吗？"老师表现得很为难，沉默了片刻，说："只是一个专题学习，谈不上什么经验。"小记者便没有继续发问，他抬起头，看到了墙上的隶书："老师，这隶书是您写的吧？""是的。""那么请您谈谈隶书的特点，好吗？"这正是老师感兴趣和愿意谈的话题，热聊之中，几次话题转换，也让小记者成功达到了他的采访目的。

　　二是在旧话题上插入新话题

　　在谈话进行当中很随便不经意地插入别的话题，把旧的话题打断。但不要使人觉得太突然，也不要在别人还有话要讲的时候打断。

　　例如，孩子看见火车，也许会问："妈妈，火车为什么跑得那么快？"这个问题一句半句说不清楚而你又恰好没有那么多时间，或许你自己也是一知半解，就可以先把话题岔开，说："是呀，火车跑得可快了！过几天带你去姥姥家时，咱们就坐这么快的火车。"孩子一定会高兴地拍着小手，述说起去姥姥家的事。这是因为孩子对去姥姥家比火车为什么跑得快更感兴趣。所以，注意力被吸引过来了，话题也就随之改变了。当然，这个问题最后还是要找一个合适的机会解释给孩子听。

　　三是从旧话题上引申出新话题

　　即从旧的话题往前引申一步，转换到新话题上。例如，大家正在谈一部正在上映的好电影，等到谈到差不多的时候，你就说："这部电影卖座不坏，听说有一部新片就要开映。"新片又将吸引大家的注意力，这几句话就把话题转变了，可是大家的思想与情绪却还是连贯着的，所以，这是一个比较灵活妥善的办法。

当然，光有方法还不够，如果只在技巧上下功夫，而忽略了自身素质的培养和知识的积累，只能是舍本逐末，徒有一副空架子。积累说话的素材才能够侃侃而谈，"巧妇难为无米之炊"说的就是这个道理。

这就要求我们在平时多读书，多看报，积累丰富的知识和日常信息。把自己读到的好文章、好句子或在听别人的演讲、别人的谈话时听到的智慧警句、俗语谚语通通记下来。久而久之，你谈话的题材、资料就会越来越多，说起话来也就越来越条理清楚，出口成章。

阅后衷告

适时结束谈话

有时候，交谈本身到了应该结束的时候，即使最有趣味的谈话有时也会因为客观条件的影响，非要结束不可。这时候，你要及时结束你的谈话，让大家高高兴兴地爽快地分手，不要等待对方再三地看表，不要忽略对方有结束交谈的暗示。否则，无论你的交谈内容有多么精彩，对方的心里只有厌烦与焦急，不如让交谈在兴味淋漓的时候停止。

Part 3
敏感问题不尴尬，话到嘴边留半匝

在现实生活中，有很多的敏感性话题让我们无法做到开诚布公地说出，比如批评、逐客、建言等，如果直言不讳地说出口，往往会让双方都陷入尴尬之中。这时，就需要我们在说话中讲究一些委婉含蓄的表达策略。委婉含蓄的语言，既是劝说他人的法宝，又能适应人们心理上的自尊感，这比直截了当地说更能体现人的语言修养。这样的谈话方式也会让你的口才能力上升到一个新的台阶。

模棱两可的哲学大有妙用

批评的话最好点到为止，这样尴尬会少一点，感激多一点。

不管你是不是认同，但愿意承认错误的人是少的——这就是人的本性。但人不可能没有缺点，也不可能一直都不犯错，因此，对别人犯的错误，不要急着去怪罪，即使要批评，也最好点到为止，这样才会让彼此之间的尴尬少一点，怨恨少一点，感激多一点，感情久一点。

例如，一次外语课上，老师正在板书，发现一个白亮白亮的影子在黑板上闪来闪去，逗得不少同学笑出声来，课堂上出现了一陈骚动，老师意识到这是捣蛋鬼利用小镜子反射太阳光往黑板上照（学生戏称照妖镜）。

老师一回头，就看到坐在南边一排中间的一个同学脸色一变，将小镜子慌忙塞进口袋里。但老师虽看在眼里，却没有立刻查问。而是选择在下课时喊住了他："你今天课堂上玩镜子了吧！"这个同学一时哑口，随即又想辩解，但老师已经走了。

但恰恰是这一"点到为止"的做法使这名同学受到了很大震动。于是，他主动找老师交待问题，承认过错，从此在课堂上成了一个安安稳稳的学生。

这是因为当错误被发现时，人们都会预期自己会遭到批评，但是如果没有受到批评，就会使其受到震动，感到羞愧和感激，从此下决心改过前非。

这其实也就是我们中国人特有的一种模糊哲学——"模棱两可"。即在不确定自己的立场和判断之前，最符合实际的做法就是不随便否定什么观点，特别是不能急着怪罪对方。不是因为我们缺少判断能力，只是抱着既不赞成也不反对的心态来包容一切，是中国人的一大特色。也正是这一特色，为中国人的人情交往添上了一道亮丽的风景。

人性其实都是脆弱的，易被击垮抚平却难，从这个意义上来说，"点到为止"，可以说是一种十分高明的批评手段了。

俗话说："话到舌尖留半句。"当你发现孩子、爱人或者下属做错事情时，正常的思维好像是跟对方讲因果利弊关系，但其实真正的因果利弊要由他们自己去讲才对。"点到为止"可以胜过千万句无谓的责骂。所谓"此时无声胜有声"，虽然没有批评，却暗示了批评的意思，同时又不伤对方的自尊，所以使对方除了感激、改过、再无话可说。

不过，在具体的沟通中，对于点到为止的这个"点"的分寸把握却是一个难点。

首先，你要控制自己的情绪。当然，这并不是容易做到的事情，因为怪罪别人是受到我们情绪支配的下意识的行为，当他人做错了事的时候，我们倾向于让对方认识到，让对方觉得对不起我们，或者应该进行道歉，这个时候我们往往习惯于怪罪别人。但不妨想想自己被别人怪罪的尴尬场景，还有自己当时的心理感受，这样也许会有助于自己变得理性。

其次，"点到为止"也可以说是具有暗示性，而暗示性的批评主要适用于心细、敏感、自尊心强、能知错就改的人。特别在他们犯一些小错误或正在做一些不应该做的事时，有时只需一个眼神、一个动作之类的暗示也就足够了。

最后，还要谨记批评一定要注意场合，最好是在没有第三者在场的情况下进行，否则，即使批评的话语点到为止也有可能会刺激对方的自尊。

阅后衷告

批评最忌翻旧账

对于以前曾犯过错误、受过处分甚至于惩罚的人，许多人总是抱有成见，这样，在对他们进行批评教育时，自觉不自觉地就会把眼前的事和以前的事扯到一块儿，翻老账。而这往往就触动了别人最敏感的、最不愿意让别人触及的神经，从而使人产生极大反感，甚至恼羞成怒。

糖衣药丸好下咽

不苦口的良药也治病，不逆耳的忠言更利行。

　　心理学的研究表明，称赞会引起愉快的情感体验，而愉快的情绪易使人的理智占上风，能够理解和接受正确的道理。因此，如果在批评之前先表示对对方某一长处的赞赏，肯定对方的价值，满足其某种心理需要，那么就能够制造出较好的气氛，一方面削弱批评本身让人难以接受的程度，另一方面也使被批评者不致因尴尬进而产生逆反的心理。

　　美国总统卡尔文·柯立芝任职期间，发现女秘书送审的文稿质量较差。于是，在一个周末，他对女秘书说："你穿得这套衣服很漂亮，你是一个很有魅力的女子。"柯立芝生性比较沉默寡言，这大概是他有生以来对一位秘书的最热情的赞辞了。这对于那位秘书来说，这太意外了，太不正常了，使得她不知所措。柯立芝接着说："假如你打印的文件能注意一下标点符号，就可以使你打的文件像你自己一样美丽可爱了。"女秘书对这次批评印象非常深刻，从此打印文件时很少出错。

假如柯立芝换一种盛气凌人的口吻喝斥："怎么搞的！连标点符号都搞不清楚，亏你还是名牌大学毕业的！"可想而知，只能让对方陷入尴尬，心生反感，而达不到纠正对方错误并激励对方的目的。

再看一个例子：

1862 年，是美国内战最黑暗的一年。战争连续 18 个月，林肯的联军屡遭惨败，整个北方一片混乱。数千名士兵从军中逃跑了，一些共和党的议员也开始叛乱，他们想把林肯赶出白宫。这是一个黑暗、忧愁、混乱的时期，林肯在这一年的 4 月 26 日给野心勃勃的胡格将军写了一封信。信是这样写的："我让你担任波特马克的陆军总司令，当然我这样做，我有自己的理由。但对于有些事情，我对你不是十分满意，我想我最好告诉你。

"在我的眼里，你是一位有勇有谋的将军，我对你十分欣赏，这是我让你担任波特马克的陆军总司令的理由之一。所以我也相信你能把政治和军事分清楚，你这样做是对的。当然，你的自信是一种有价值的不可缺少的也很可贵的性格。

"在相当的范围内，有野心是有益无害的。但我想，你出于个人的意志，竭力阻挠波安斯将军指挥军队，这对于一个拥有功勋卓著的将军来说，你的做法很不妥，可以说是犯了一个错。

"你最近曾说政府和军队都要一位铁腕人物。当然，我不是因为这个，却也不计较这个，我才给你这样的任命。只有那些得到胜利的将领方能成为铁腕人物。我现在想要的是战场上的胜利，我可以将独裁权给你。

"无论什么时候，你和所有的指挥官都将得到政府的有力支持。但我很担心你以前给军队的那些风气，以及你对领导的非议和不信任。而现在你将面临着同样的非议和不信任，但是我将尽其所能帮助你消灭这种风气。

"当这种风气在军队中存在时，无论是谁，即使拿破仑在世，也无法指挥军队取得战争的胜利。现在你要注意，不可草率，要以旺盛的斗志和不懈的努力，挥军向前，取得胜利。"

在信中，在林肯说到胡格说到他的严重错误之前，先称赞了胡格将军。虽然信中隐含着一种严肃的谴责，但字面上却依然委婉诚恳，娓娓动听。胡格将军看到此信，据说十分感动，发誓甘愿效忠。

从这两个例子中，我们可以肯定地说，这种寓批评于褒扬之中的批评方式，无异于在苦口的"良药"之外包上一层糖衣，让人从感觉上淡化药的苦味，比较容易"吃"下去。

那么，在现实生活中，我们也不妨运用这一技巧，让你的批评被人欣然接受。例如，身为领导者，在工作中，如果遇到同事、下属的想法和做法出现偏差，你就可以这么说："你的这些想法不错，在……的时候，一定能起到很好的作用。但是，现在是……情况下，似乎与你的想法有一点距离。你是不是再斟酌斟酌，搞一个更有创意的方案，把你的真实水平进一步发挥出来？"这样一来，既拉近了与对方的距离，也满足了对方寻求自尊的心理，就会形成较好的气氛，批评也就更容易被接受。因为你让他感觉你是对事不对人的。

阅后衷告

批评不以人格为对象

很多人在批评他人时，往往以讽刺和挖苦来代替摆事实讲道理、分析利害、明辨是非的批评，这实际上是把批评降低为泄愤的手段了。这样一来，一句本来是可以接受的话，却因为加入了羞辱人的成分使听者无法接受。

其实，有益的批评应当把批评的事与人分为两件，不以对方的人格为对象，单就他的行为或举止进行批评。比如，"据我所知，你以前从未犯过这种错误……""我这么坦率地说，是因为知道像你这种人应该会做得更好一点。这次的事，实在不像是你做出来的……"这样说，一方面可以指出对方的错误，另一方面也可以激励他努力向上。

"以下犯上"得先自我批评

　　不要轻易挑战上级的尊严与权威。可以全用暗示的方法指出领导可能做错的地方。

　　在批评他人之前先作一番自我批评，就等于给对方一个台阶下，这样他就不会再想各种理由来反驳你，而且，还会营造出坦诚相见、大家共同承担责任的良好批评氛围，从而使对方更容易虚心接受你的批评，并且认真反思。

　　这一点，尤其适用于当对方的地位比你高的时候。例如《后汉书》中就记载了一个媳妇巧妙批评婆婆的故事：丈夫乐羊子外出求学，七年不归，家里日子艰辛，很久没有尝过荤腥了。乐羊子的母亲嘴馋，见别人家的鸡进到她家院子，就把鸡偷来，宰了吃。对婆婆的这种不道德的行为，乐羊子妻十分难过。她不但没有动筷子同婆婆一起吃偷来的鸡，还直掉眼泪。婆婆问她为什么？她回答说："怪我自家穷，没有能力把婆婆侍奉好，因而使饭桌上有了别人家里的肉。"

　　儿媳是婆婆的晚辈，而且在封建社会里依据三从四德，媳妇更是不能对婆婆直截了当地批评。但是乐羊子妻只是批评自己，但同时却也暗示了婆婆的做法是错误的。这诱发了婆婆的廉耻心，使婆婆无地自容，最后端着煮好的鸡向邻居认错赔礼去了。

现实生活中，我们也可以运用这个技巧。比如在工作中，领导也会有出错的时候，但是，他的地位决定了我们要维护其威信，这时候，作为下属，我们就可以采用这种暗示的批评方法。例如，在领导发错指令，他自己又没有认识到的时候，你可以这样说："你看，怪我没有把话说清楚，害得领导提的要求下面难以执行……"你来担责任，领导就避免了尴尬，可以借这个台阶下去了。你把错揽到自己身上，而对方已经明白错误在他身上，那么他会感激你保全了他的面子，并暗暗改正自己的行为。

但是要做到这一点，我们就必须要改变自己"没错"的思想。话说有一天，美国阿拉巴马州的红石军工厂正在举行阅兵仪式，检阅官是一位向来以严厉著称的上校。这次阅兵仪式进行得很顺利，上校的眼睛就犹如鹰眼一般地锐利，在扫视着队列。突然间，他好像发现了什么，就直直地走到一个士兵面前，将士兵上下打量了一番，然后严厉地命令说："把口袋上的扣子扣好！"

这名士兵非常地慌张，结结巴巴地问："是现在吗？长官？"上校说："当然，马上！"于是，士兵小心翼翼地伸出手，把上校衬衫口袋的扣子给扣上了。原来上校一眼就看出年轻士兵没有把扣子扣好，但是却丝毫没有留意到自己的制服也有同样的问题。

其实我们也常常会像故事中的上校一样，在看待别人缺点的时候好像鹰眼一样地锐利，但对于自己的缺点，却好像是瞎子一样地看不见，难以察觉，批评别人容易，反省自己难。

事实上，"金无足赤，人无完人"。当一件事出现问题时，我们本就应该先冷静对待，认真思考其中有多少自己不对的地方，有多少是自己的原因造成的错误。

阅后衷告

和领导意见不一致时，委婉和对方沟通

如果你还不打算炒了老板的鱿鱼，那么消除你与上司之间的隔阂是很有必要的，而且最好是你自己主动伸出"橄榄枝"。如果真的是你错了，那就要有认错的勇气，你要找出造成自己与上司分歧的症结，向上司作解释，表明自己在以后以此为鉴，希望继续得到上司的关心；但假如是上司的原因，维护他的权威仍是重点，你可以在较为宽松的时候，以婉转的方式，把自己的想法与对方沟通一下，你也可以以自己的一时冲动或是方式还欠周到等原因，请求上司谅解，这样既可达到相互沟通的目的，又可以替其提供一个体面的台阶下，有益于恢复你与上司之间的良好关系。

将犯错者请到错误面前

必要时，可以将犯错者请到错误面前，让对方深切认识到自己的错误。

有些错误，可能很难用语言令人信服地描述给犯错误者，这时，你说得再多也没用，却反而可能会让双方陷入不可调和的尴尬境地。此时最好的办法是将犯错误者请到其错误的面前，这样，几乎人人都能认识到自己的错误。

玛斯公司的创始人玛斯先生有一次到一家巧克力工厂视察。那天天气炎热，酷暑难耐，当他来到三楼那几台最大的制造巧克力的机器旁时，感到一阵阵热浪扑面而来。于是他问工厂的经理："你们怎么没有在这里安装空调器？"工厂经理说没有这笔预算。

对此玛斯先生当然明白，但是他并没有罢休，而是拨通了楼下维修车间的电话，要求维修工人立刻上楼来。他对这些维修工人说："请你们到楼下去，把你们经理办公室里的所有东西都搬到这里来，我和他在这里等着。"转脸又对制造巧克力的工人说："如果不影响你们工作的话，就把他的办公桌椅放在这台最大的巧克力机旁。"

玛斯先生并没有批评工厂的经理，但是那位工厂经理却明白了：厂房里确实需要装上空调器，而且越快越好。玛斯先生告诉他说："一旦完成了这项工作，你随时都可以搬回自己的办公室去。"

我们可以猜得到，玛斯先生走后，那位工厂经理当天便把空调器问题解决了。

这种让犯错者自己体验其错误的方法，不费唇舌，但是却可以让对方最深切地认识到自己的错误所在，并且以最快的速度去改正他，因为这个错误损害的正是他自己。

现实生活中，当我们觉得怎么说都无法说到对方心里去的时候，也可以试试这种方法。比如，对于喜欢撒谎的孩子，父母可以让他亲身体会一下被骗的滋味。例如，允诺孩子下午带他去看电影，等与孩子一起穿戴整齐，到了车站之后，突然告诉他："孩子，今天不去看电影了。"孩子的情绪可想而知，这时，你可以搂着他，轻声解释说："这就是被谎言欺骗的感觉……说真话是非常重要的，我刚才对你们撒谎，感觉糟透了，我不愿意再撒谎，也相信你们也不愿意再撒谎了，明白吗？"而且，即使孩子认错、保证，也要坚定地告诉他："今天不会去了，但以后会去。"心情的失落和沉重，一定会给孩子留下深刻的印象，并时刻提醒着他，谎言会给别人带来伤害，因为他亲身经历过。

正所谓"以其人之道还治其人之身"，当犯错者也体会到对方的感受，就能够站在对方的位置思考，能够设身处地地多为对方设想，就会慢慢改正错误了。而你，也避免了做一个"批评家"的尴尬。

阅后衷告

以其人之道还治其人之身

其实我们上文中说到的"以其人之道还治其人之身"的批评方法，就是源于法国教育家卢梭提出来的一种育儿方法——"自然后果法"，即当孩子在行为上发生过失后，父母不给予另外的批评和惩罚，而是让孩子自己承受行为过失造成的后果。比如孩子挑食，父母可以让孩子尝尝挨饿的滋味；孩子不好好穿衣服，父母可以让孩子尝尝受冻的滋味；孩子固执，父母可以不管他，让孩子感受到固执带来的麻烦，等等。卢梭说："我们不能为了惩罚孩子而惩罚孩子，应当使他们觉得这些惩罚正是他们不良行为的自然后果。"这也许就是自然惩罚的要旨。而这，同样适用于我们成人。

心理制裁是批评的最好方法

不管我们用什么方法证明对方错了，都可能会伤害对方，使对方产生尴尬、不满、反抗情绪。因此，最好的方法是让犯错者自己从内心深处认识到自己的错误，事实上，也只有这样他们才有可能深刻反思和改正自己的错误。

当然，让犯错者自己反省，并不是说我们什么都不用做，你需要对他们进行心理制裁：

夸奖他不具备的优点

有时，赞美也是一种批评的艺术。即当我们要说服某人克服其缺点时，不仅不指责他，反而对他尚不具备的优点夸奖一番。你会发现，终有一天他将配得上你的夸奖。

有一段时期，某百货公司的时装专柜忽然听到许多顾客的批评，抱怨女售货员态度不好的意见纷纷传到公司领导那里。当时，这个专柜主任就采取了这种与众不同的解决方法，产生了惊人的效果。他并没有责怪那位被顾客指名服务不周的女售货员，反而不断地夸奖她。他单独地找这位售货员谈话，告诉她："顾客称赞你的态度非常和蔼、亲切哪！请继续保持下去！"或"你对顾客非常殷勤有礼貌，顾客与同事都在赞美你哦！"结果，这位女售货员的态度马上就有了改善。面对客人时，她总是面带微笑，礼貌周到，亲切热情，使专柜的业务蒸蒸日上。

正如丘吉尔所说："你要别人具备怎样的优点，你就怎样去赞美他。"在赞美中，他会接受"你希望他具备这样的优点"的暗示，在这种心理压力之下，她就可能会更积极地尽力，期望达到你所夸奖的那种境界。

旁敲侧击点化他

相信"列宁打碎花瓶"的故事我们都耳熟能详。8岁的列宁，有一次到姑妈家做客，在和表兄妹们做游戏时不小心打碎了一只花瓶。不过，当时没有人看见，因此，当姑妈问是谁打碎的时候，列宁也和其他的孩子一样说"不是我"。但是，玛丽亚·亚历山大罗夫娜——列宁的母亲，却从孩子的表情上知道花瓶是列宁打碎的。

不过，她没有直接揭穿这个"骗局"，因为这位明智的母亲知道，最重要的不是惩罚，而是教育儿子在犯错误后勇于承认错误，做一个诚实的好孩子。于是，她装出相信列宁的样子，在3个月内一直没有提起这件事，但却每天给他讲各种各样的诚实守信的美德故事。

终于有一天，列宁受不了良心的煎熬，在母亲又像往常一样给他讲故事时，失声痛哭起来。他哽咽着对母亲说："我欺骗了姑妈，那个花瓶其实是我打碎的。"母亲听了非常欣慰，笑着安慰道："你是个诚实的好孩子，给姑妈写封信，向她承认错误，相信她一定会原谅你的。"列宁马上起床，给姑妈写了一封道歉信。

列宁的母亲，在这里用到的方法就是"点化"的心理制裁之法，她没有选择当面拆穿列宁的谎言，而是用很多故事进行旁敲侧击的暗示、引导，使列宁心理上由焦虑发展为对自己的动机、态度和行为的反省，进而醒悟自己的过错。

阅后衷告

批评可以反其道而行之

从心理学上来说，当人知道自己做错了事或闯了祸，常常都会产生一种内疚感或恐慌感。这两种心态纠合在一起，会形成做错事后强大的心理压力，促使我们反思和改正自己的错误。这时，如果他人真的对我们斥责和惩罚一番，反而起不到这样的效果，甚至会产生反效果。

这是因为，我们自己可以在毫无防备或在被热情淹没的情形下改变自己的想法，但是如果有人说我们错了，反而会使我们迁怒对方，更固执己见。我们会毫无根据地形成自己的想法，如果有人不同意我们的想法，我们就会全心全意维护我们的想法。显然不是那些想法对我们有多珍贵，而是我们的自尊心受到了威胁——我们愿意继续相信以往相信的事，而如果我们所相信的事遭到了怀疑，我们就会找尽借口为自己的信念辩护。

从这种意义上来说，心理制裁就是最好的方法。

不便直接指责，不妨"指桑骂槐"

"指桑骂槐"，在这里的意思就是类比批评法。即找一个相似的例子来告诉对方什么是对的、什么是错的，暗示所要批评的对象其错误何在。这样，就可以避免直接批评导致的尴尬、抵触心理，而且，对方也会知道你的用心良苦，不但会接受你的批评，而且还会感激你。

例如，电影《陈毅市长》中，师长认为自己资格老，"伤疤多"，对自己的老部下，一个资历较浅的副师长被提为军长不服气，有意见。陈毅就请他同管理员对比，管理员参加革命、入党都比他早，伤疤也比他多，而现在却只当一个小小管理员。这样一比，师长没有什么可说了。这里，陈毅就是用对比法对师长进行批评的。

如果再引申一下，还可以让对方去批评有类似问题的其他人，因为他在批评别人时，更容易站在客观的角度上，看到自己的错误，借坡下驴，也就更乐于改正自己的错误。

例如下面这个例子：某地有一家公司，一个部门的员工上班时间和工作态度都很不理想，工作效率比其他部门低。经调查，原因出在他们的部门经理身上。这位部门经理属于生活乐天派，凡事不拘小节，说难听点就是不负责任。他的上级多次找他谈话，但碍于面子，总是不好意思直接指责他，因此效果都不理想。无奈之下，他的上级很想把他调到别的地方。但是江山易改，本性难移，这种人调到哪里都一样。

对此，有一位新进的人事管理顾问找到了解决之道。他找这位部门经理，进行了这样一番谈话："其实，这个问题不是出在你身上，可是你看看你的手下太不像话了——又是迟到，工作效率又低，这个问题，我看还是你才有办法解决。"想不到，这一番话竟使这一部门的情况迅速改观，甚至为其他部门所不及。

当初，这个部门经理的上级多次提醒他时，他虽然口头答应，但是对于一个生性不负责任的人来说，即使公司发生了事故也会无动于衷，而且常常在发生差错后，马上就为自己想好了逃避的理由。但是这个顾问针对他的心理，将责任推给他的部下，让他去管教他的部下，同时暗示他自己作为管理者的错误所在。这样保全了他的面子，还表现出对他的信任，最终果然促使他下决心改正了自己的错误。

阅后衷告

"扬善抑恶"

其实，在批评技巧中，还有一个是与"指桑骂槐"相对应却又有异曲同工之妙的，那就是——扬善抑恶。即当发现他人有不良行为时，不直接批评，而是通过表扬在这方面做得好的人，以达到纠正不良行为的目的。

这样，受表扬者会很高兴，因为你让他在众人面前大大地露了脸。而对多数人来说，你也没得罪他们，因为你没有批评他们，只是暗示了他们的错误所在。他们心里一方面会感到愧疚，一方面还觉得你给他们留了面子，会对你既感激又服气。但要注意的是，这种方法对自觉性不高的人效果不大，必须与其他批评方法结合进行。

庄话谐说，曲径通幽

········· 口才提醒 ·········

　　能把庄重严肃的话题笑着说出来是一种本事。正所谓
"庄话谐说，曲径道幽"。

　　话总是说给别人听的，至于说得好不好、是否说到心坎上，不仅要看话语是否适当地表达了自己的思想和情感，也要看别人能不能理解并且乐于接受。尤其是在表达批评、不满、反对或为难的请求等容易制造尴尬局面的话时，如果我们可以加点幽默，则一定会让人"笑纳"。

　　比如，在批评的时候，有时为了更好地达到目的，口头说出的意思和自己的真实意图恰恰相反，用反语来归谬，然后推出一个荒唐可笑的结论来，暗示出什么是对的、什么是错的，就可以使对方在嬉笑间认识到自己的错误并且改正。让我们来看一个应用这种批评法的例子：一个班上有不少男生最近开始迷上了抽烟。深谙教育心理的教师知道，这是许多男生在发育期间追求"成人化"的表现，如果对其横加指责，只会造成师生对立。因此，在一次班会上，教师并不点吸烟学生的名，只

是说了这样一席话："今天我给大家讲讲吸烟的好处。"一句妙语开场，如石击水，反响激烈。接着教师讲道："第一大好处是吸烟引起咳嗽，夜半尤剧，可以吓退小偷；第二大好处是咳嗽导致驼背，可以节省布料……"这种诙谐的反语暗示出了吸烟的害处，使学生在笑声中感受和理解了教师的良苦用心。

再比如，当我们对某人某事不满时，也可以用嬉笑的语气表达出失望的实质。举例来说，一个男人去喝咖啡，但端上来的咖啡差不多只有半杯，这时他笑嘻嘻地对咖啡店主人说："我有一个办法，保证叫你多卖出三杯咖啡，你只要把杯子倒满。"这里，这个男人就是巧妙地运用正话反说的幽默来表达失望感的，但是却不致给对方带来难堪。

如果是遇到提出反对意见这种驳人面子的话题，幽默也能派上用场。秦朝的优游就是这样一个有名的幽默人物。有一次，秦始皇要大肆扩建御园，多养珍禽异兽，以供自己围猎享乐。这是一件劳民伤财的事，但大臣们谁也不敢冒死阻止秦始皇。这时能言善辩的优游挺身而出，他对秦始皇说："好，这个主意很好，多养珍禽异兽，敌人就不敢来了，即使敌人从东方来了，下令麋鹿用角把他们顶回去就足够了。"秦始皇听了不禁破颜而笑，并破例收回了成命。其实，大家都明白，优游的真实意思是说如果按秦始皇的主意办事，国力就会空虚，敌人就会趁机进攻，而麋鹿用角是不可能把他们顶回去的。但优游在字面上赞同了秦始皇，足以保全自己；同时，又促使秦始皇不得不在笑声中醒悟，从而达到了他的说服目的。

诙谐幽默的话题，往往能引起对方感情上的愉悦轻松；庄重严肃的话题会使人紧张慎重。在一般情况下，只要不是十分庄重严肃的场合，最好能把庄重严肃的话题用轻松幽默的形式说出来，这样对方在笑声中可能更容易接受。

当然，人生在世总有求人办事的时候，如果你的请求很难说出口，比如向老板要求加薪或升职，如果严肃正式地提出，是不是有点太尴尬了？看看下面这个打工者，他因为话说得好听而成功地获得了加薪奖励的办法值得一学。

在一家外资企业，一个青年打工者在较短的时间内，连续两次提出合理化建议，使生产成本分别下降30%和20%。洋老板非常高兴，对他说："小伙子，好好干，我不会亏待你的。"

这个青年明白老板这句话可能意义重大，也可能不值一文。他想要点实在的，便轻松一笑，说："我想你会把这句话放到我的薪水袋里。"洋老板会心一笑，爽快应道："会的，一定会的。"不久他果然获得了一个大红包和加薪奖励。

面对老板的鼓励，青年人如果不是这样俏皮，而是坐下来认真严肃地提出加薪要求，并摆出理由若干条，岂不太煞风景，甚至适得其反。由此看来，庄话谐说，笑着说话，真是妙不可言。

阅后衷告

幽默应以不刺伤人为底线

幽默，或许带有温和的嘲讽，却不应刺伤人。切莫庸俗、轻浮，更不能混同无聊的调笑。例如有的人嘲笑人家的生理缺陷，如口吃、跛脚等毛病，这是很不道德的；又如有的人对男女之间的话题津津乐道、绘声绘色、哗众取宠，博得哈哈一笑。这样非但不能表现幽默，反而只能显露庸俗和浅薄。

做一个有幽默感的人，一定要注意不应把自己的快乐建立在别人的痛苦之上。揭人隐私、讥人之短的行为是为人所不齿的，要杜绝自己有这样的行为。幽默的人，能融于生活，乐此不疲，也能跳到生活之外，站在高处，放眼人生，以智者的眼光看待一切，这才叫豁达，这才有了幽默。

让"莫须有"背一背黑锅

借他人之口说出自己不想说又不能不说的话是一种高明的手法。

其实有的时候你根本不用绞尽脑汁去想那些拐弯抹角的话，只需要将事情无法达成的原因转移到第三者的身上，比如，帮助对方把错误推到莫须有的其他人身上去，或者借用"别人的意思"拒绝对方，来表明自己心有余而力不足等。既然是"莫须有"的责任，你们俩自然不用尴尬了，依然可以"愉快地玩耍"。

这个"莫须有"，可以是实实在在的人。比如下面这个例子：一位女顾客在某商场给丈夫购买了一套西服，回家穿后，丈夫有点不大喜欢这种颜色。于是，她急忙包好，干洗后拿商店去退货。她对服务员保证道："这件衣服绝没穿过。"

服务员接过衣服看了看，发现了衣服有干洗的痕迹。机敏的服务员并没有当场找出证据，来说明她说的是假话，如果那样的话，顾客为了顾及自己的面子，会死不承认的。这位服务员就为顾客找了一个台阶。服务员微笑着说："夫人，我想是不是您家的那位搞错了，把衣服送到洗衣店去了？我自己前不久也发生过这类事，我把买的新衣服和其他衣服放在一起，结果我丈夫把新衣服送去洗了。我想，您大概是否也碰到了这种事情。"

这位顾客知道自己错了，而售货员却把错误转嫁给这位顾客的丈夫身上，反正，这位可怜的丈夫又不在身边，背一背冤枉也无负担。这位女顾客见服务员给了她台阶，于是不好意思地拿起衣服，离开了商场。

"莫须有"，还可以是你虚构出来的后台，比如你可以说"我的朋友说……""我的同事说……""大家都认为"，但其实这些所谓的"朋友""同事""大家"都可以是根本就不存在的人。例如，某造纸厂的推销员去某大学推销纸张，推销员找到他熟悉的这个大学的总务处长，恳求他订货。总务处长彬彬有礼地说："实在对不起，我们学校已同某国营造纸厂签订长期购买合同，学校规定再不向其他任何单位购买纸张了。我也只能按照规定办。"这么一说，拒绝对方就不是总务处长的意思，他把责任全部推到了"学校"那里——学校的规定，我也无法违反。事情就是这么简单。必要的时候，我们都可以虚构一个"后台"，把自己的意愿归到这个虚构的人身上，表现出一种对决策的无权控制，从而全身而退，拒绝效果也会立竿见影。

有时，这个"莫须有"还可以是一个"安全合理的理由"。比如，当批评别人时，你可以说："在当时信息不全而又情急的时候，任何人都可能会出现一些偏差。现在我们掌握了较全面的情况，我们可以作出更正确的决定……"不直接指出对方的错误，而是委婉地暗示对方：其观点虽有可取之处，但是却不适合现在的情况，因此是不对的。

　　总之，故意将责任归于"莫须有"，主动地为他人或自己寻找遮掩不妥行为的借口，就避免了让双方陷入左右为难的境地，也能维护好人际关系。

阅后衷告

"莫须有"要适当

　　虽然很多时候，"莫须有"可以当作挡箭牌，借他人之口说出自己不想说又不能不说的话，利于维护人际关系，可是，它也并不是万能的。在让"莫须有"背一背黑锅的时候，还要兼顾一下实际情况，要让"莫须有"这个黑锅背得"合情合理"，水到渠成，不能让人感到很突兀，甚至荒唐可笑，要不然，尴尬的不是对方，而是你了。

"逐客令"也能美妙动听

将"逐客令"说得美妙动听，既能达到"逐客"的目的，又不挫伤对方的自尊心。

虽说"有朋自远方来，不亦乐乎"，但同时，每个人也都会有想要独处的时候，都有不喜欢被他人打扰的时候。这时，假如有人前来打扰，而这人碰巧是你的好朋友，甚至是患难之交，你想下逐客令，却又害怕尴尬，伤了彼此之间的感情，这时该怎么办呢？

最好的方法就是：运用高超的心理暗示技巧，将"逐客令"说得美妙动听，既不挫伤朋友的自尊心，又能让他理解到你的难处，知趣地离开。这些技巧包括：

以婉代直

比起冷漠无情的逐客令，婉言提示更使人容易接受。如当来客登门时，你可以用羡慕的口气说："我什么时候能像你这么有福就好了，你看，我每天都忙得晕头转向。"这种话是在暗示对方：我没时间陪你闲聊。接下来你可以说，"你晚来一分钟我就已经出门去了。"意思是我要出门的，没时间多聊。假如对方还待着不走，过一会儿，你可以说："对不起，和别人约好了，不能耽误别人太久。我们下次再聊吧！"

以进代退

主动出击的姿态，既阻止好闲聊者在你家久留，也会堵住他登门来访之路。你可以递上一本有趣的杂志，给他一张感兴趣的碟片，说："蛮好看的，可惜我太忙了，没时间消受。等我忙出个头绪了，再去你那里拿。"

这样先发制人，既联络了感情，又谢绝了闲聊。同时后面的一句话，也堵住了他回头的路——不让他还，而是你去拿。当你由主人变成了客人，你就掌握了交谈时间的主动权，想何时回家，都由你自己安排了。你杀上门去的次数一多，他就会被你给黏在自己家里，原先每晚必上你家的习惯很快会改变。一段时间后，他很可能不再"重蹈旧辙"。

以疏代堵

闲聊的人无非是闲得无事可做。如果你可以帮他找到他的兴趣爱好，把他的注意力转移到这些兴趣爱好上，他就不会总来打扰你了。例如，你可以根据他的具体条件，诱导他培养某种兴趣爱好，或种花，或读书，或练书法，或健身。"你的毛笔字可真有功底，如果再上一层楼，完全可以在全县书法大奖赛中获奖！"这话一定会令对方欣喜万分，跃跃欲试。一旦有了兴趣爱好，也许你请他来做客也不一定能请到了呢！

以热代冷

你可以在热情的语言、周到的款待中，暗示你其实很忙。

对方一登门，你便笑脸相迎、沏茶倒水，端上糖果，像贵客临门般地忙里忙外。在这种过分的热情中，你故意丢三落四，并说："我呀，就是被那篇急稿折腾糊涂了"，或者不时说，"请喝……""请吃……""你看我这人就是看不开，坐下来也静不了，还想着那稿子……"如此几番暗示，对方还怎么好意思继续待下去呢？不过，这种方法只对有品位、识大体的人有效，对于一些生活习惯较为随意，喜欢热闹的人而言，他们也许反而"顺坡下驴"，赖在你家里了。

阅后衷告

逐客令也可以"写"代"说"

婉转的逐客令对有些人来说可能并不奏效，如果对方意识不到就失去了作用。对于这类人，可以用张贴字条的方法代替语言，让人一看就明白。例如，话剧《陈毅市长》里有一位著名的科学家，在自家客厅的墙上贴上了"闲谈不得超过三分钟"的字条以提醒来客：主人正在争分夺秒地搞科研，请闲聊者自重。

看到这张字条，纯属闲谈的人，谁还好意思喋喋不休地说下去呢？而且，字条是写给所有来客看的，并非针对某一位，所以也并不会令某位来客难堪。现实生活中，我们可以根据具体情况，贴一些诸如："我家孩子即将参加高考，请客人多多关照"等字样，制造出一种惜时如金的氛围，提醒闲聊者理解和注意。

最好的本事是控制对方的嘴

　　把他人的嘴"变成"自己的嘴，想说就让他说，想闭嘴就能张不开嘴。

　　有时，一些话自己说出来就会显得尴尬；有时，一些话别人说出来，自己若回绝就会显得尴尬。那么，如果我们可以控制对方的嘴，不想说的话就让他说，不想让他出口的话就别让他张嘴，那该多好！

　　不过，要想控制别人说与不说，可不是一件易事，你需要使些手段：

把"皮球"踢给对方

　　球场上踢皮球是个技术活，生活中"踢皮球"更是个技术活。对于那些自己不好开口又不得不开口的事，不妨巧妙地把球踢给对方，诱导对方先提出来无疑是上上之策。

　　一个男子准备借助于好友的路子做笔生意，在他将一笔巨款交给好友的第二天，好友却暴病身亡。男子立即陷入了两难境地：若开口追款，太刺激好友的未亡人；不提此事，自己的局面又很难支撑。

帮忙料理完后事，男子是这样对好友的夫人说的："真没想到我哥走得这么早，我们的合作才开始呢。这样吧嫂子，我哥的那些关系户你也认识，你就出面把这笔生意继续做下去吧！需要我跑腿的时候尽管说，吃苦花力气的事情我不怕。"

好友的妻子听他这样说，反过来安慰他道："这次出事让你生意上受损失了，我也没法干下去，你还是把钱拿回去再找机会吧。"

这样一来，丝毫没有追款的意思，还豪气冲天，义气感人，其实他明知好友的妻子没有能力也没有心思干下去。话中又加上巧妙的提醒：我只能跑腿花力气，却不熟络那些门路；困难不小还又时不我待。

把他人的请求堵在口中

对于他人的请求，我们不可能每时每刻都说"是"。对于那些不好意思说"不"的人来说，最好的拒绝方法就是不要让他人的请求有机会说出口，而且，这也比对方说出来再遭到你的拒绝要好得多。

当然，你不能直接跟对方说：你不想听他说。让我们看看华为总裁任正非是怎么做的：一次国际电信展上，任正非正在公司展台前接待客户。一位上了年纪的男子走过来问他：华为总裁任正非有没有来？任正非问：你找他有事吗？那人回答：也没什么事，就是想见见这位能带领华为走到今天的传奇人物究竟是个什么样子。任正非说：实在不凑巧，他今天没有过来，但我一定会把你的意思转达给他。还有一次，有人去华为办事，晕头转向地换了一圈名片，坐定之后才发现自己手里居然有一张是任正非的，急忙环顾左右，斯人已踪影不见。有人在出差去美国的飞机上，与一位和气的老者天南地北地聊了一路，事后才被告知那就是任正非，于是懊悔不迭。

不过，任正非的这种方式仅限于双方不认识的情况，如果是熟识的人，当你觉得对方想要提出让你为难的请求时，可以用降低对方谈话的兴致的方式，对方的谈兴下降，会自动结束他的谈话。你可以使用一些微妙的技巧。比如，在措辞上，你可以多用"但是"（隐藏一点对抗的意味）、"反正"（含有自暴自弃的意味）、"那个"、"那件事"、"你看"（有似是而非的意味）、"也许是吧"、"可能吧"、"就是这样"、"以后再说吧"（有不想详细讨论之意）等没有特定意义的词语，或者用"……吗""……就是啊"等结尾语（有消极的意味）。这些话就是暗示对方：自己对他的话没有很大的兴趣，不打算积极地回应。这会使对方情绪下降，没有兴致继续谈下去或提出要求了。

当然，不止这些方式，但只要你记住，想控制他人的嘴，就要先学会掌控他人的心理，看穿别人的心思，你才能抢占先机，化被动为主动，轻松应对生活中的各种难题。

紧闭"心门"，让推销知难而退

我们都知道，推销员的花言巧语，经常诱使许多人加入多余的保险，或买一些不必要的东西。这些顾客为何会被说服呢？因为推销员会想尽各种办法，突破顾客心中的防御墙。他们的第一步就是解除买主的警戒。我们一打开大门，他们就等于成功了一半。

因此，如果你不想被推销员说服，最好就是根本不让他们进门。或者在他们进门之后，我们不予以理会，表示冷淡的态度，不让他们进入我们"心灵"的大门，避免心与心的接触。这样，再能干的推销员也无计可施。

给忠告最好"私相授受"

有什么规劝的话，还是私下里说吧，如果你不想失去这个朋友的话。

美国的罗宾森教授曾说："人有时会很自然地改变自己的看法，但是如果有人当众说他错了，他会恼火，更加固执己见，甚至会全心全意地去维护自己的看法。这不是那种看法本身多么珍贵，而是他的自尊心受到了威胁。"

这是因为，从心理学角度来说，真正让人深刻认识到自己错误的心理情绪，是内疚，而非羞耻。

这两者的区别在于：内疚，即针对某一件事、某一个人的情绪，是出于对自己曾经的行为的反省之后产生的感受，是个人化、内省的情绪；羞耻则不一定是针对特定的人或事，也不一定出于任何反省，而更多地与他人的目光有关，是一种社会性很强的情绪。也就是说，如果当众对一个人的错误横加指责，这个人会产生羞耻感，但是他内心不一定是真的认识到自己有什么错，他感受到的更多是丢脸。那么，当你感觉丢脸时，你会怎么样？会深刻反省自己错误吗？不，你只会想着如何逃离这个丢脸尴尬的情境。

这就告诉我们，在什么场合提出忠告十分重要。原则上讲，提出忠告时，最好以一对一，避开耳目，千万不要当着他人的面向别人提出忠告。因为提出忠告的时候必然涉及对方的短处，而每个人都有自尊心，被当众揭短时，情面上很容易下不了台，从而产生抵触情绪。在这种情况下，即使你是善意的，对方也会认为你是在故意让他当众出洋相。

例如，大文豪萧伯纳，据说他从小就很聪明，且言语幽默，但说话却特别尖酸刻薄。后来，一位老朋友私下对他说："你现在常常语出幽默，非常风趣可喜，但是大家都觉得，如果你不在场，他们会更快乐，因为他们比不上你，有你在，大家便不敢开口了。你的才干确实比他们略胜一筹，但这么一来，朋友将逐渐离开你，这对你又有什么益处呢？"正是老朋友私下的这番话使萧伯纳如梦初醒，从此立下宗旨，再也不讲尖酸的话，而要把非凡的驾驭语言的能力发挥在文学上，而正是这一转变造就了他后来在文坛上的地位。

试想一下，如果当年萧伯纳的朋友在许多人面前，对他讲了上面一番话，后果会变成怎样呢？我想萧伯纳不但不会痛改前非，反而会向那规劝的友人提出更强烈的讽刺，他可能说："你是什么意思呀？是在嫉妒我抢去你的朋友吗？"

所以，向别人提出忠告时，最好在私下进行，这样不仅有利于维护对方的自尊，不至于使对方陷入被动和难堪，也有利于营造一个相对宽松融洽的沟通氛围，从而有利于使你的忠告被采纳。而且，即使你的忠告不正确，也不会有损自己在公众心目中的形象。

阅后衷告

教子应在人后

中国有句老话，叫"人前教子，背后教妻。"背后教妻没得说，但人前教子却不妥。一般来说，儿童从 5 岁以后就已经拥有了很强的自尊心，因此很容易受伤害，所以当大人以为孩子什么事情都不懂的时候，他早已把情绪埋藏在心里。在外人面前对孩子品头论足、训斥指责，甚至打骂，无疑都是严重损害儿童尊严的行为。这样的孩子长大后很容易形成反社会人格障碍，在人际交往中会出现很多问题。曾震惊全国的马加爵事件、药家鑫事件，追溯当事人的成长经历，其中都有童年被人耻笑的刻骨愤怒，长大后这种情绪一触即发，终于酿成大错。这样看来，教子也应在人后。即便孩子的某些言行有欠妥当，成人也应该斟酌好要说的话，切忌在外人面前对他品头论足，更不应该在外人面前对他的种种不是加以批驳。

有种尴尬叫"不会安慰人"

劝慰要做到感同身受，要把需要劝慰的人的痛苦、失落、迷茫等情感与自己的情感联系起来。

安慰，就是在别人遇到不幸或内心痛苦时，以一定的语言表达方式使其心情安适，脱离痛苦。一定程度上说，生活在社会中的人都经常需要安慰人或被安慰。

对于不会说话的人来说，当身边人遭遇不幸或受到打击而导致内心痛苦时，也正是他最尴尬的时刻。朋友失恋、失业、失意、失去至亲，本来想第一时间去安慰一下，然而，却不知道怎么开口，一拖再拖，便没有开口，就算再开口，时间长了，那点本没有什么效果的话就更没有用了。你是不是也有过这样的时候？

其实，大可不必如此紧张。有时候他人也许只是需要一个好的倾听者，在他需要发泄情绪时陪着他，耐心地听他说就可以了。当然，如果你可以根据需要劝慰之人所处的不同境遇，选用不同的宽慰语言，所获效果会好得多。比如：

激励性劝慰

激励性劝慰往往用于对方在工作中遇到挫折、心情痛苦，进而失去进取心的时候。使用激励性劝慰语可使其看到前途的光明，看到明天的美好，看到失败后的希望，这是解脱他们苦恼的最根本的途径。能激励灰心失望的人重新鼓起勇气，就是成功的劝慰。比如有一位厂办学校的教师因工厂不景气而下了岗。一种突然而来的被人抛弃的失落感使他将自己终日闭锁家中，断绝与所有人的交往，只与酒杯为伴，心情沮丧至极。他的一位朋友知道这种情况后，不远百里，请假前来。

朋友首先劝慰他说："下岗的不止你一个，这是大势所趋，相信有关部门会找出方法为你们重新安排工作的。"接着又鼓励他："下岗不一定就是坏事。塞翁失马，安知非福；下岗实际上给了你一个重新展示自己能力的机会。抓住这个机会找出一条新的路子，还是一件大好事呢！我相信你能成功的。"紧跟着与朋友一起分析了目前的情况。中肯的分析，适当的措辞，实事求是的帮助，终于鼓起这个朋友生活的勇气，抛开酒杯，走出家门，重新投入新的生活。

同情式劝慰

在社会生活中，不无无辜受害者。如被酒后驾车者夺去肢体的，被残暴者无故殴打的，被不公的上司不负责任地冤枉的……对这样的人，最有效的安慰是同情。同情他们的遭遇，和他们共斥丑恶的现实。这种同情性的话语传递着人间的温情及正气，这种温情和正气会使无辜受害者得到安抚，从而减轻由不幸带来的内心痛苦与压力，重新获得心理上的平衡。当然，同情不是怜悯。怜悯会伤害对方的自尊心和自信心，而同情作为充满温情和善意的安慰，能让对方释放出内心的痛苦，获得友谊的抚慰。

劝服式劝慰

劝服式劝慰主要用于吊唁仪式。在失去亲人时，每个人的心情都是沉痛的，这时候也就最需要别人的劝慰。这时的劝慰语言应该使用劝勉他人莫过分悲痛的劝服式语言。这样的语言含义首先认定失去亲人是悲痛的，在这一点上和对方心理相通，其次是劝他人保重自己，这正是沉于悲痛中的人会忽略的。这两点加起来，就会给因为失去亲人而悲痛的人以心灵的抚慰，减轻他们的内心痛苦，起到较好的劝服作用。如说"要节哀，保重身体"等。如果使用"人死了不能复生，别哭了"等话语，就会使对方反感。劝慰要饱含真挚情感，要感同身受，才能使被安慰者接受，获得劝慰的最佳效果。

总之，劝慰要尽量做到感同身受，把需要劝慰的人的痛苦、失落、迷茫等情感与自己的情感联系起来，让对方知道他的痛苦与失落有人与他一起承担，这样他就会得到极好的安慰，情感创伤就会得到弥补、治愈。

阅后衷告

给安慰者一个"拥抱"

心理学家哈洛设计过这样一个实验：他制作了两种假的猴妈妈，一种假妈妈是用铁丝编成的，另一种是一个母猴的模型套上松软的海绵状橡皮和长毛绒布。然后把两个"猴妈妈"和刚刚出生的小猴放进一个笼子里。一个有趣的现象出现了：如果铁丝妈妈身上没有奶瓶，而布妈妈身上有，小猴很快就和布妈妈难舍难分。即使奶瓶是放在铁丝妈妈身上，小猴也不愿意在铁丝妈妈身边多待，只在感觉饿了时才跑去吃奶，其余时间则依偎在布妈妈怀里。

在小猴离开布妈妈出去玩耍时，心理学家突然给它看一个模样古怪的庞然大物，小猴会惊恐万状地撒腿奔向布妈妈，紧紧依偎着它，逐渐定下心来。可是，如果把布妈妈换成铁丝妈妈，小猴就不会跑去寻求安慰。他将这命名为"接触安慰"。对于一个需要安慰的人来说，在那一刻，他也不过是一个脆弱的孩子罢了。如果可以的话，给他一个拥抱吧！

Part 4

远离雷区不尴尬，掌握分寸效果佳

心理学家理查德·班得勒说过，当你对他人说话时，你不是想给他传递信息，就是想改变他。但在这过程中，对方是否会接受你的意思，你的沟通目的是否能够实现，却又是另外一回事了。其中的症结点在于你是否说了避讳的语言，或者把话题置于危险的境地，这将会导致你沟通的成与败。其实，很多时候，我们之所以会经常陷入尴尬中，往往就是因为没注意某些细节而在无意中踩了"地雷"。若想避免这种情况，那么，我们在说话时就一定要避开险境，把"危险语"吞进肚子里。

说话是最不需别人"帮忙"的

　　当一个人正兴致勃勃地高谈阔论时，若被突然打断，就像
被泼了冷水一样，一定会不高兴，任何人都是一样。也许偶
尔一两次还无所谓，若连续被不识相的人将谈话腰折，包管
会被气炸。

　　但相当一部人都有着这样的陋习，结果往往在不知不觉间
就破坏了自己的人际关系。比如，在生活中，我们时常可以看
到某个或某些人喜欢在别人谈兴正浓时泼一盆冷水，插上一句
"照你这么说……"接着就是牛头不对马嘴的谈话。别人讲故
事或讲新闻，他都要替别人把自己想象的结局讲出来，使人觉
得他太不识相。就好像你正在为电影里男主角的处境心惊肉跳
时，他突然说："有什么好担心的，那人最后不仅没死，还做了
将军。"使人顿时失去看电影的兴致。

　　更糟的是，如果你打断的是你的上司、长辈，也许你就得

有挨骂的准备了。例如上司正在给员工安排工作的时候，一般会做出各项说明，中途插嘴表示意见，除了让人觉得你很无礼外，也显得蔑视上司。如果碰到性情比较急躁的上司，恐怕就会大声地呵斥你："闭嘴，听我把话说完！"场面一定是尴尬至极了。

也许你觉得自己有理由打断对方，但即使对方在表达上没有做到我们想要的清晰无误、详略得当，或者存在着某种偏见和错误，我们也不要随便打断别人的思路而应该等对方说完。要知道，每个人的讲话习惯都是不同的。有人就喜欢从头讲起而显得过于冗长；有人偏偏追求全面而显得啰嗦；有人会因为想表达得简单而显得很笼统。但不管我们是否习惯对方的讲话方式，都不应随便插话。因为说话，是最不需别人"帮忙"的。

当然，也不是任何时候都不能插话，我们强调的是不应贸然打断。当对方与我们说话的时间明显拖得太长，他的话不再吸引我们的注意力，甚至让我们有昏昏欲睡的感觉，他的话题越来越令人生厌，这个时候，我们就不得不中断对方的话了。但我们应考虑在哪里、用什么方式结束交谈比较好，因为我们要照顾到对方的感受，避免给对方留下无礼的印象，造成尴尬的局面。

阅后衷告

打断对方的谈话也有妙用

既然打断别人的谈话，可以降低对方谈话的兴致。那么，如果你想早点结束谈话（比如当你觉得对方想要提出让你为难的请求）时，就可以找些事打断谈话，反复运用几回，对方便不想再说下去了。例如，你可以在交谈中突然插上一些牛头不对马嘴的话，如："什么，你说什么？""再说一遍""等一下""对不起""打一下岔""等一等"。还可以说些转换话题的话："虽然你这么说，但是……""有时候""你的话使我想起……""我的看法可能和你不一样""我这话与你无关""你说的就是这么一回事""尽管如此，然而……"这些话表面上似乎是同意对方，实质却是要中断、推翻对方的话语，因此可以暗示对方，不想跟对方继续说下去了，那么即使他有什么请求也不便说出口了。

失意人前莫说得意之事

一个人不顾及他人情绪自说自话是最低级的沟通能力。

语言是人类的基本能力，是交谈的主要工具，但是光会说可不够，如果你说话不懂看人眼色，当别人烦躁的时候，却凑上去嘀嘀咕咕；或是人家正兴高采烈时，却一不小心浇他一头冷水，就太不知趣了。

一家五金公司的业务经理，有一次，打算去拜访一位重要客户。在拜访这位客户之前，他搜集各方资料，了解到这位客户有一个特殊的爱好，就是特别喜欢打高尔夫球。于是，他打电话给对方约定在高尔夫球场见面。

简单的问候之后，业务经理发现客户的表情很不愉快，似乎还带着怒气，便把他要说出来的话硬生生地咽了回去，只是一味地陪着对方打高尔夫球。

几个回合下来，对方已大汗淋漓。业务经理见此，立即将一瓶饮料递了过去。那位客户接过饮料，一饮而下，然后，深深地喘了一口气。这时，业务经理立即把自己准备已久的话题说了出来："想必您平常经常来打高尔夫球吧？刚才那几杆真是打得太好了！"客户立即来了兴趣："那是，我一不高兴就来打高尔夫球。不过，我有一个不好的习惯，在我心情不好时打高尔夫球就特别不喜欢别人打扰我。"听到这里，业务经理暗暗松了一口气：幸亏我一开始就注意到他那副气冲冲的样子。他附和着客户说道："每个人都是这样，心情不好时，都不喜欢被人打扰。"

......

两人又聊了一会儿后，业务经理发现客户心情大好，便说道："那请先生看看我们公司的产品怎么样？""把资料与样本给我吧。"客户细细地看了看后，就大笔一挥签下了自己的名字。后来，业务经理才知道这位客户在来高尔夫球场之前刚刚与上司发生了争吵。

故事中，在客户心情不好时，业务经理选择沉默；客户心情逐渐转好时，他又找准了对方感兴趣的话题，并恰当地赞美了对方；直到客户心情大好时，他才开始与之讨论洽谈事宜。最后成功签下订单也是情理之中的事。

俗话说，"人逢喜事精神爽"，一个好心情的人眼中的世界是明亮的，充满了阳光和希望；而当他有坏心情时，看谁都不顺眼，生活糟透了。在他眼中，每个人都在算计他，都在给他挖坑设套。此时你若凑上去求他办事，或者喋喋不休地说自己的得意之事，多半会成为吃闭门羹的倒霉蛋儿。

因此，我们应该学会察言观色，从别人的举手投足之间解读其心意，才可以相机行事；从别人的小习惯、小细节识别其才干和为人，才可以为我所用；从眼神和话语中判断出隐含的动机，才可以绕过人生路上的陷阱。

阅后衷告

感同身受的劝慰最有效

失意人前，除了不能说得意之事，还应该学会劝慰他人。表达不当，即使主观愿望是好的，也会产生不好的后果。如有人失去了亲人，痛苦万分，而去劝慰他的友人却说"人总是要死的，早离开，晚离开，早晚都要离开，你自己要多保重。"虽然道理没有错，但表述有问题，让人听了心里不痛快，情感上过不去。

要想获得最佳的劝慰效果，就要尽量做到感同身受，把需要劝慰的人的痛苦、失落、迷茫等情感与自己的情感联系起来，让对方知道他的痛苦与失落有人与他一起承担，这样他就会得到极好的安慰，情感创伤就会得到弥补、治愈。还是上面的例子，如果这样说："很理解你的痛苦，我们感同身受，不过还请节哀顺变，我想这也是离开人的心愿。"显然所获效果就要比前者好得多。

所有的美好关系，都需要掌控分寸

分寸感是会说话的一个重要准则。几千年前，孔子就告诉过我们：智者，慎言、独行。凡事有"度"，过了"度"就失去了准则，好事也有可能变成了坏事，原本很美的东西也就有可能不美了。

因此，聊天的时候，特别是初次见面，说话一定要有分寸。不讲分寸的聊天是无厘头的，是不受人欢迎的恶作剧。没有一个正常人会喜欢漫无边际、不切实际的夸夸其谈。

下面这些失了分寸的"丑态"，你有则改之，无则加勉：

"说"过头

汉语中有个词叫"交浅言深"，就是在提醒我们，当两个人交情还不够深时，就别说太多，问太深。事实上，我们自己也都很讨厌这一类人。比如，有时一回家，周围一些多事的人，动不动就会问为什么不结婚，怎么还不生孩子，一个月赚多少钱。她们以为这样是跟人家很熟络，但其实这就会让她们变成大家都讨厌的这类人，因为和她们其实交浅，一年都打不了一次交道，但她们真的很爱言深。其实，"交浅言深"也是对自己的一种不负责任的行为。例如，有些人会在连对方人品都没有掌握清楚的前提下就掏心掏肺、授人以柄，实在是一种愚蠢行为。因此，即便与对方一见如故、十分欣赏，也不要太急于与之交心。说到底，言语都应该是排在交情之后的。

"侃"过头

聊天中，侃大山是常有的事。侃，必须具备较高的艺术性，一般要求在短暂的时间内，用最简洁、艺术的语言，把主要情况介绍清楚，把听众情绪调动起来。可是，有些人不是这样，他们往旁边一站，好像不是在与人调侃，却像在表演单口相声，自顾自说；还有的话离题千里，把听众的耐心都"侃"没了。

"乐"过头

聊天，要造成欢乐气氛，这是常理，所以说话人一站出来，大都是精神饱满、神采飞扬，笑嘻嘻、乐呵呵的。这是要运用自己的欢乐神态去感染听众。可是，有些人似乎对这种"乐"的作用不太清楚，不懂得它应当产生的效应，未在"逗人笑"上下功夫，只是自己笑得合不拢嘴，甚至又是弯腰又是低头，可听众并未听出笑料，自然"配合"不了，自然没有笑声，也没有掌声了。这样自娱自乐，就有点尴尬了。

"抢"过头

有时候聊天的人多，就会产生抢着说话的问题。有时话抢得好，可以扣住听众的心弦，产生强烈的吸引力和感染力。但是，也有说话人之间"抢"戏过头的现象。一些年轻人往往有强烈的表现欲，说起话来没完没了，抢白、回敬放连珠炮，那阵势好像要使对方山穷水尽，让自己独占鳌头似的。这样的"抢"就会使人不平不满，就会使说话效果受到影响。因为大家都是平等聊天，不是来看哪个人的个人表演。

阅后衷告

恋人之间说话也不能没有分寸

恋人之间亲密无间可以说是好事，但如果过头了，也会变成坏事。因为任何一个人在爱上另一个人的同时，并不希望在爱的约束下丧失自己的一方世界。这道理就像抓沙子，你手握得越紧，沙子从指缝间泄落得越多，你松松地捧起它，反而会收获满满。

因此，相爱的双方依然应该保持对彼此的尊重。不管是礼貌上、嗜好上、交友上，还是经济上，都不应该因为爱情关系的建立而终止。它不是见外，不是虚假做作，而是一种尊重，是看重对方胜过自己，是爱的表现。聪明的人应该懂得恰如其分、游刃有余地把爱人紧紧抓住、收放自如。

没把握的不说，有把握的慎重说

没把握的不说，有把握的慎重说。

在茶道和中国人的待客之道中有一句话叫"七分茶"，说的是为他人倒茶水都只倒杯子的七分满，留下三分来盛情谊，这样可以多为别人续水，以示敬意和热忱。其实说话也是一样，无论对方多激进，或是自己的立场多么稳固，说的话多有道理多能服众，都要留有余地，这是给别人一个让步的台阶，也是给自己留一条退路。

某公司新研发了一个项目，老板将此事交给了一个下属，问他："有没有问题？"他拍着胸脯回答说："没问题，放心吧！"过了三天，没有任何动静。老板问他进度如何，他才老实说："不如想象中那么简单！"虽然老板同意他继续努力，但对他的拍胸脯已有些反感。这就是把话说得太满而给自己造成窘迫的例子。

气球留有空间，便不会因再灌一些空气而爆炸；杯子留有空间，就不会因加进其他液体而溢出来；人说话留有空间，便不会因为"意外"出现而下不了台。要知道，凡事总有意外，使得事情产生变化，而这些意外并不是人能预料的，话说七分满，就是为了容纳这个"意外"。否则一下子把话说死了，结果事与愿违，那会很难看的。

因此，现实生活中，我们在各个方面都一定要注意这个问题。比如，在做事方面，对别人的请托可以答应接受，但不要"保证"，应代以"我尽量，我试试看"的字眼。上级交办的事当然接受，但不要说"保证没问题"，应代以"应该没问题，我全力以赴"之类的字眼。这是为了万一自己做不到所留的后路，而这样说事实上也无损你的诚意，反而更显出你的谨慎，别人会因此更信赖你，即便事没做好，也不会责怪你！在做人方面，与人交往时，如果出现意见分歧，不要口出狂言，更不要说出"势不两立"之类的话，不管谁对谁错，最好是闭口不言，以便他日需要携手合作时还有"面子"。尤其应该注意的是，对人不要太早下评断，像"这个人完蛋了""这个人一辈子没出息"之类属于盖棺定论的话最好不要说。

总之，尽量用一些诸如：可能、尽量、或许、研究、考虑、评估、征询各方意见等不确定的词句来降低人们的期望值，你若不能顺利地完成任务，人们因对你期望不高而能用谅解来代替不满，有时他们还会因此而看到你的努力，不会全部抹煞你的成绩；你若能出色地完成任务，他们往往喜出望外，这种增值的喜悦会给你带来很多好处。

阅后衷告

不要把心事随便说出来

许多人都有这样的毛病：肚子里搁不住心事。有一点点或喜或怒的小事，就总想找个人说说；更有甚者，不分时间、对象、场合，见什么人都把自己的心事向人家倾诉。

倾诉没问题，问题出在随便上。尤其是有些心事带有危险性与机密性，例如你在工作上承担的压力与牢骚，你对某人的不满与批评，当你很痛快地倾吐这些心事时，有可能他日被人拿来当成修理你的武器，你是怎么吃亏的，连自己都不知道。

"人心隔肚皮"，最好的方法就是：在任何情况下，都要记住逢人只说三分话，不可全抛一片心。

打人不打脸，骂人不揭短

无论一个人的出身、地位、权势、风度多么傲人，也都
有不能别人言及、不能冒犯的角落。

在龙的喉下直径一尺的地方有一处的鳞是倒长的，人们称
他为逆鳞，无论是谁触摸到这一部位，都会被激怒的龙杀掉。
人也是如此，无论一个人的出身、地位、权势、风度多么傲人，
也都有不能别人言及、不能冒犯的角落。

明太祖朱元璋见老乡的故事相信很多人都听过。

朱元璋出身贫寒，做了皇帝后自然少不了有昔日的穷哥们
儿到京城找他。有位朱元璋儿时一块光屁股长大的好友，千里
迢迢从老家凤阳赶到南京，几经周折总算进了皇宫。一见面，
这位老兄便大嚷起来："哎呀，朱老四，你当了皇帝可真威风
呀！还认得我吗？当年咱俩可是一块儿光着屁股玩耍，你干了
坏事总是让我替你挨打。记得有一次咱俩一块偷豆子吃，背着
大人用破瓦罐煮。豆还没煮熟你就先抢起来，结果把瓦罐都打
烂了，豆子撒了一地。你吃得太急，豆子卡在嗓子眼儿还是我

帮你弄出来的……"

朱元璋一听，他这不是当着后宫佳丽和众奴才的面揭自己的短处吗，让我这个当皇帝的脸往哪儿搁。尴尬之下，朱元璋等不得他说完就连声大叫："推出去斩了！推出去斩了！"

这就是揭人之短的下场。"揭短"，有时是故意的，那是互相敌视的双方用来攻击对方的武器。"揭短"，有时又是无意的，那是因为某种原因一不小心犯了对方的忌讳。但是总的来说，有意也好，无心也罢，一旦触到了对方的隐私和短处，就相当于踏进了"雷区"。因为没有人愿意提及自己不光彩的一页。轻则影响双方的感情，重则导致友谊的破裂。

不揭短，并不是不让你说实话，而是告诉你实话不一定要直说，而可以幽默地说、婉转地说或者延迟点说、私下交流而不是当众说，等等。同样是说实话，用不同的方式说，效果会有很大的不同。就拿上面的故事来说，一样的事情，另一个人说完却得到了封赏。他是这样说的："我主万岁，当年微臣随驾扫荡庐州府，打破罐州城。汤元帅在逃，拿住豆将军，红孩子当兵，多亏菜将军。"他这番话既勾起了皇帝对自己的旧情，又让不明就里的群臣听起来像是在述说皇帝曾经的丰功伟绩，可谓一举两得。

所以说，我们在说话时一定要掌握好分寸，不揭人之短，并了解对方的长处，要善于择善弃恶，多夸别人的优点，尽量回避对方的缺点和错误。知道在什么时候该以怎样合适的方式说话办事，才是一个人心理成熟、懂得社交技巧的表现。

阅后衷告

不要当着跛子面前说短话

不管是生理还是心理方面有缺陷或障碍的人，他们中的大多数人对人际关系中的某些交流是持抵触情绪的。

一方面，他们怕过多的语言交流会触及他们灵魂深处的较为阴暗的一面。在一般的情况下，他们都希望将自己的不足之处巧妙地加以"深埋"、伪装，用故作镇定的若无其事来掩盖心中的恐惧和不安。有时倒宁愿自己是一个哑巴，或者你是一个哑巴。因此，不妨做一个沉默寡言者，尤其注意切勿"当着跛子面前说短话"，这会让你在他们当中受到欢迎。

另一方面，他们怕"盖子"被揭开后引起他人的轻视，因此，有明显身体缺陷的人最忌恨别人直视着他又问个喋喋不休。他在尴尬之余也会对你心存愤恨的。因此，在这些朋友面前，你不要表现得过分关注或同情，那样会令他们"很受伤"。

永远别说"你错了"

如果可能的话，要比别人聪明，却不要告诉人家你比他聪明。

人与人之间，"你错了"这三个字拥有超强的破坏力。它们通常只会带来尴尬、不快、争吵，甚至能使朋友变成对手。因此，不要轻易对别人说"你错了"。即便是必须让对方承认并纠正错误，也应该回避"你错了"或类似的词语。

事实上，语言是思想的基础，思想又是情感的基础。我们完全可以通过使用适当的字词，影响别人的情感和思想，既达到自己的目的，又不招人讨厌。

尽可能使用负面色彩较弱的语言

一家鞋店的推销员对一位正在试一双舞鞋的妇人说："太太，您的这只脚比那只脚大。"

第二家鞋店的推销员却说："太太，您的这只脚要小于那只脚。"

结果，那位妇人在第二家鞋店买了双舞鞋。

当然，具体情况不同，肯定会对你的表达有所制约。不过我们可以尽量地争取，只要能在一两方面消除对方的负面情绪，就可以极大地减少双方关系的破坏力。

一个技巧是，使用中性词语。比如将"你应该"换成"我们能一起做"，"我不能"换成"我能做的是"，"当初如果"换成"未来我们要"，等等。总之，使用开放而非封闭的句式，将自己也融入对方的情境中去。一旦对方出现理解偏差，也要立刻用上述中性词句纠正。如此，对方接收到的信息，所给予的刺激就会相应地减弱，被拒绝所给予的冲击，就会不那么强烈。

使用先肯定后反对的特有句式

一般来说，当我们听到："你的看法还是对的，不过……""我也是这么想的，问题是……""你的想法很不错，只是……"等诸如此类的话语，就会有一个心理准备，我们要被反对了。

这种句式，其实就是表达否定意见的一种特有句式。即不管对方说什么，都先给予积极的肯定，让对方感到备受尊重，心理上得到安慰，就会减少对方遭拒的失望感和不愉快。

譬如说，在会议上领导请下属积极发言，假如下属的提议他觉得很不妥，他就可以这样说："嗯，不错，你这个提议很不错，可是目前我们无法采取实际行动。""好，你的想法特别有创意、以后我们可以再进行深入研究。"……这样的处理方式就运用了先认同后反对的肯定式回答，这样的否定先可以给对方的想法以称赞和认同的态度，接着再用含有"目前不适合"或"需要再研究"意思的话语来加以反对，并且让对方感觉到有被采纳的希望，心理上好接受，场面上也好看。

另外，在某些情况下，我们还可以不急着拒绝而是顺着对方的思路将错就错，直到得出错误的结论。此时，对方自然会主动放弃，我们也就避免了亲口否定的为难，也防止了对方被我们否定后的尴尬。可以说，这种将错就错的否定也是先肯定后反对的一种表现形式。

总之，尽量少说或不说"你错了"。即使对方存在问题，也一定可以找到别的办法让他认识到这一点，想让别人同意你而放弃自己的观点，温和巧妙的言辞远比直来直去聪明得多，也有效得多。

阅后衷告

说错话了快"刷屏"

微信，目前已成为大多人交流的工具，它在给我们带来方便的同时，也会有些尴尬的事情发生。比如，发给 A 的信息不小心发给了 B，发给爱人的消息错发到了群里……尤其是比较敏感的信息，如果发出超过 2 分钟不能再撤回，或者已被人阅读，不想让其他人再看到，那么，一个很好的方法就是刷屏，疯狂地发消息给对方将那条消息淹没在信息的海洋中，然后在末尾发消息，说手机让小孩拿去玩耍了，小小地道个歉。其实，在语言交流中，当我们说错话时，也可以使用这种"刷屏"的方式来化解尴尬。比如，在聊天过程中，你不小心触到了对方的"雷区"，就一定不能在这个话题上再"纠缠"下去，需要马上转入下一个话题，转移对方的注意力。话题转移了，自然也就把矛盾暂时放下了，那么对方也就没有必要再继续攻击你了。

搬弄是非，是搬起石头砸自己的脚

人前背后留点口德，是一种修养，更是一种智慧。

在背后议论别人，这不仅仅是一种不好的行为习惯，同时也是人际交流中的最大忌讳。有人就曾说过这样的话，背后蜚短流长，搬弄是非的人本身就是是非人。这话虽然说得有些片面，但是仔细一想并不是没有一点道理，因为有一点是任何人都不容否认的，他在你面前议论别人，同样也会在别人面前议论你。这样的人，是任何人都不愿意与之交往的。

斯蒂芬是一个热情豪爽的人，但她有个最大的毛病就是口无遮掩，爱议论别人。这天，她和几个同事去动物园里参观。当她们走到熊猫馆时，他指着那只胖胖的熊猫说："你们看，这只熊猫跟咱们公司的勃兰娅多像呀，同样都是圆圆的，笨笨的。"

同事们听后，哈哈大笑起来。谁知，勃兰娅此时和丈夫也在旁边观看，只不过大家没有发现罢了，这话正好被她和丈夫听到。勃兰娅立刻气得脸色铁青，说不出一句话来。她的丈夫指着斯蒂芬说："你……你太过分了，竟敢这样说我的妻子。胖有什么不好，瞧瞧你们自己瘦得跟个猴子似的，有什么好的。"说完两个人拂袖而去。

斯蒂芬之所以令同事难堪，同时也令自己陷入尴尬的境地，这全部归结于她那爱议论别人的性格。直言不讳固然可以逞一时之快，但却非常容易失去友谊和机会。

另外，除了要做到自己不制造流言蜚语之外，也要做到不做流言的传声筒。每个人都有好奇心，但这种好奇心却也可能会在无意中成为制造矛盾的根源。真正聪明的人是不会加入谈论他人隐私的行列，凡事也不会上前凑热闹。

如果闲聊是在自己的家人之间还好，如果是在公众场合，流传的范围就会很广，对他人的影响就会很大。尤其要注意千万不要在办公室里搬弄是非。办公室就好比一个小社会，这个小社会和大社会一样，里面人与人之间的关系是复杂而微妙的，你也许在某一天就会为自己的"口无遮拦"付出代价了。

有些话说出去很容易，收回来就难了。一天，一名老妇人来到了教堂，祈祷完毕后，对牧师说："我年轻的时候在背后说过很多人的闲话，现在我已步入暮年，突然觉得那时候的做法是不对的，不知道还有没有办法可以弥补？"牧师并没有对她说教，只是给了她一个枕头，告诉她："现在请您到教堂的钟楼上，把枕头里的羽毛散到空中去。"她照做了。牧师说："好吧，现在把每一根羽毛再收集起来，放回枕头里去。"这位老妇人为难地说："牧师，那是办不到的！"牧师很严正地说："同样的，要追回所说的每一个闲话，那也是办不到的。"

所以，千万要管住自己的嘴巴——别在背后蜚短流长，议论别人是非。也就是说，尽量少说话，多做事，否则，在给别人带来麻烦的同时，也给自己带来不便。

阅后衷告

谨言慎行树立正气

有的同事喜欢挑拨是非，离间同事。职场中的挑拨离间往往会把一个单位搞得七零八落，人心惶惶，人人彼此生疑。

挑拨离间的同事给公司带来的破坏和影响是巨大的。只要稍不注意或者处理不妥，就会搞得人人自危，互不团结。应付这类同事，没有其他什么好办法，只能防微杜渐，不让他们有搬弄是非的市场，或者发现了就赶紧制止或者清除。否则的话，后果将不堪设想。

挑拨离间的人如果做了你的同事，你除了要谨言慎行与他保持距离以外，还需要联合其他同事，在单位中树立正气，倡导团结，让他们没有挑拨离间的机会。

伤"面子"的话，暗示好过明说

俗话说："树活一张皮，人活一张脸。"面子在丰富的中文语汇里是一个古老的概念。在中国社会中，它代表着体面、人格，甚至尊严。既然我们如此爱惜面子，那么就必然会为面子而打拼。在大多数情况下，很多人信奉"不争馒头争口气"的道理，到了一些场合，宁愿咬牙出血，也要保住面子。因此，你跟人聊天时，就不能不注重面子问题。

不过，"面子问题"说起来又很微妙，有关面子的事大多不好明说，只能靠自己体会。那么现实生活中，我们应该如何把握"面子问题"呢？

其实，只要抓住两大原则就可以了。

第一个原则是消极的，也就是不要做出"不给面子"的事。这类事最易引起是非，所以必须小心。例如：不要当面羞辱人，包括同事、上司、属下、朋友，尤其是人身攻击的羞辱更是不宜；

对某人有意见，应私下沟通，不要当面揭发，以免他下不了台；强龙不压地头蛇，勿越界管人闲事；打狗看主人，勿因意气而羞辱对方的手下；遇到分输赢的场合，手下留情，不必赢得太多；"心中有别人"，也就是有上司、有长辈、有主人，不要逾越自己的本分；不要抢别人的功劳，也不要抢别人的机会，等等。总而言之，只要心中怀着对对方的尊重，替对方着想，那么就不致做出"不给面子"的事了。

第二个大原则是积极的，也就是主动"做面子"给对方，例如：替对方在同事、朋友及上司面前说好话，为他做公关，但不可太肉麻、露骨、刻意；对方有喜庆，主动以适当的方式参与庆贺；对方有难言之苦，不动声色，不为外人知地主动替他解决；适当地吹他、捧他，协助他建立人群中的地位，等等，具体的做法是说不完的，总而言之，带着"我能替对方做什么，让他有面子"的想法来做就对了。

这两大原则，前者可避免人际关系出现问题，后者则可积极地建立良好的人际关系，而你的付出，也必然得到回馈。也许你觉得"面子问题"太虚伪了，但这却是我们行走社会的必备技能，如果谁忽略这个问题，除了会让对方陷入尴尬，更是给自己以后的人生道路放上了一块绊脚石。

阅后衷告

给足男人面子

有人做过一项有趣的调查——男人最在意什么？被问及这个

问题的男人几乎都不约而同地回答"面子!"男人需要有面子,男人也最怕失去面子。因此,聪明的女人总是肯花心思维护男人的面子,不让自己的男人有哪怕一丁点儿的尴尬,把两个人的小氛围经营得越发和谐。其中有两点需要特别注意:

放点财权。如果男人花钱处处受限,就会在其他朋友面前没有面子,有的时候还会影响男人在同事或者朋友中的形象,人脉和事业的发展不知不觉之间就会受到影响。

内外有别。即使你在家里把男人当电饭煲、吸尘器,但在适当的场合,一定要记住给男人足够的面子。这一定会让男人很感激你,也会更加爱你。

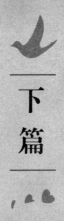

下篇

会说解围话，巧妙化尴尬

Part 5

当众出丑莫尴尬，破囧要说自嘲话

由于自尊心的驱使，我们每个人都希望在他人面前展现出智慧、聪敏的一面，都不希望在人前出丑。但是不管是谁，也不管是内向性格还是外向性格，我们都或多或少地有过当众出丑的经历。当你当众出丑的时候，先要正确地认识它，尽量淡化它，再用一些方法调节一下，那么你就可以顺利化解当众出丑的难堪。

自嘲总比被嘲好

站在自己之外欣赏自己的创伤，就能产生一种独特的幽默效果。

当众出丑难免出现令人尴尬的场面，不过，你大可不必掩饰自己的窘境，不妨放松心情调侃自己一番，不仅能很容易找到台阶，而且多会产生幽默的效果。

传说，希腊哲学家苏格拉底的妻子是个泼妇，常对他发脾气，而苏格拉底总是对旁人自嘲道："讨这样的老婆好处很多，可以锻炼我的忍耐力，加深我的修养。"一次，老婆又发起脾气来，大吵大闹，很长时间还不肯罢休，苏格拉底只好退避三舍。他刚走出家门，那位怒气难平的夫人突然从楼上倒下一大盆水，把他浇得像只落汤鸡。这时，苏格拉底打了个寒战，不慌不忙地说："我早就知道，响雷过后必有大雨，果然不出我所料。"

自黑者人不黑之，自嘲者人不嘲之。这里，苏格拉底固然有些无可奈何，但他带有自嘲意味的讥讽，使他从这一窘境中超脱出来，也显示了苏格拉底极高的生活修养。而且，他此时的自嘲也是一剂平衡自我心理的良药。

可以说，自己胳肢自己，先笑起来，是很高明的一种脱身手段了。不过，要想做到自嘲却并不容易。它是缺乏自信者不敢使用的技术，因为它要你自己骂自己。也就是要拿自身的失误、不足甚至生理缺陷来"开涮"，对丑处、羞处不予遮掩、躲避，反而把它放大、夸张、剖析，然后巧妙地引申发挥、自圆其说，取得一笑。没有豁达、乐观、超脱、调侃的心态和胸怀，是无法做到的。

自嘲，要求我们首先不要过于在意自己。一个人过于在意自己，会体验到比一般人更大的压力。有一个女孩子，每当听到"窈窕淑女，君子好逑"这句话时，总是感觉是对自己最大的嘲讽，因为她很胖！每当人们有意无意地在她面前谈论起这句话的时候，她总觉得很尴尬。后来，她调整了自己的心态。她开始不再计较人们的言谈，也不再因为任何人或善或恶的言论而自卑。她总是对自己说："我胖是胖了点儿，但我很健康啊。"

其次，自嘲还要求我们能放得开，也能完全接受自己。只有这样，胖子才可以在摔倒了之后说出"如果不是这一身肉托着，还不把骨头摔折了"的自嘲之语，而瘦子则可以说出"要不是重量轻，这一摔就成了肉饼了"的自黑之话。

最后，你还要知道，自嘲不是自我辱骂，这里要把握一个分寸——要超脱，而不应尖刻和感到屈辱。有许多学者认为，嘲笑自己的缺点和愚蠢，是幽默的最高境界。然而，伴随着这种嘲笑的情绪是不同的。如果我们尖刻地嘲笑自己，觉得我们犯了愚蠢的错误，活该受到惩罚，那我们只会感到屈辱。因为这种态度背后的潜在意识就是相信我们应该比实际的更好，而如此人生态度正是我们超脱的障碍。如果我们内心充满了爱来嘲笑自己，就能达到某种和蔼可亲的超脱。因为我们自认愚蠢，但不顾影自怜。

阅后衷告

阿Q精神胜利法，人生更快乐

善于自我安慰，正是阿Q精神胜利法的最大特征。不管肉体上受到多大折磨，精神上受到多大凌辱，阿Q总能找出种种借口，求得心理平衡。如果你也能在事业、爱情、婚姻不尽如人意时，在因经济上得不到合理的对待而伤感时，在无端遭到人身攻击或不公正的评价而气恼时，在因生理缺陷遭到嘲笑而寡欢时，用阿Q的精神调适一下你失衡的心理，营造一个祥和、豁达、坦然的心理氛围，那么，你的人生也将更加快乐和淡定一些。

把尴尬“说”出来就不尴尬了

　　不正面面对某样东西，就得一生一世躲着它。所以尴尬时，勇敢说出来。

　　我们当然害怕各种让我们尴尬的局面，于是我们总是试图规避那些可能出丑的瞬间。但假如我们总是不停地关注或者压制那些让人脸红心跳的紧张、焦虑，那么最终我们不仅不能化解掉这些负面情绪，反而会进一步强化它们。

　　事实上，当你真正迎着恐惧而上时，它反而“落荒而逃”了！也就是说，当我们把自己当时的尴尬讲出来，这本身就是一种化解尴尬的良方。

　　自嘲是化解尴尬的利器。小S曾说过，如果把最容易被人攻击的事情说出来，别人就没有可以攻击你的地方了，尴尬也就变得不尴尬了。

　　人一定要懂得接纳自己，不要假，也不要抗拒，一旦如实说出你的尴尬，就可以轻松化解尴尬了。

　　事实上，也确实如此，自曝其“丑”，丑也就“不丑”了，关键是要有这份敢于"说出来"的勇气和睿智。

一个小伙子今年25岁了，长得相貌堂堂，就是一直没谈恋爱。父母为此着急不已，便为他安排了一场相亲。在父母的再三劝说下，他终于决定见见那位女孩。

那位女孩出乎意料地漂亮，而且看上去温柔可人。小伙子不由得心跳加速，小鹿乱撞。当他走到那位女孩面前时，那位女孩抬起头来，对着他微微一笑。小伙子的心里一下紧张了起来，手不由自主地抖了起来。他试图去拿杯子喝口水以缓解内心的紧张，结果，他的手刚碰到杯子，杯子就从桌子边沿掉了下去，碎了一地。

当时，整个场景十分尴尬，气氛也特别凝重。小伙子不知所措，便将自己的尴尬说了出来："抱歉啊，也不知道怎么了，坐在你对面，我的心就莫名地紧张，手足无措起来。"没想到的是，他这么一说，手反而不抖了，那对面的女孩也露出了微笑，彼此之间也不再那么局促了。

看得出来，小伙子说出了自己的尴尬反而变成了对女孩最好的恭维。而且，适度地坦露内心感受也会让对方放下防御。

尴尬，说到底其实也是一种情绪，而任何情绪在未被承认和接受之前，人的生理反应与大脑思维之间一直在争吵，身体要求我们释放情绪，而大脑则将所有事情封存起来。"一定要理智"，这是大脑常说的一句话，像个学究一样孜孜不倦。往往，情绪需要表达的力量越大，头脑想要控制和阻止表达的阻力也越大，这样，你的紧张度就越高，压力也随之增大。所以，说出你的尴尬，反而是化解尴尬的最好方法。

阅后衷告

说出尴尬于健康有益

曾有一些心理医生做过一些试验，证明了在允许患者完全表露宣泄他们的情感之前，他们无法达到深度的放松。他们在放松活动的过程中，没有得到表达的情感可能会突然爆发出来。患者往往会变得愤怒异常，开始大喊大叫，或者表现出其他的内部深层痛苦的种种征兆。一旦某种情感得到了充分的表达和释放，它也就烟消云散了。这样，心理医生发现患者便能够按照系统减压法的要求，十分情愿地去进行放松状态的学习和应用，并积极地去运用形象思维。

把尴尬说出来，其实也就相当于一个减压的作用。不仅可以让你冷静下来，可以机智面对眼前的局面，更于身心健康有益。

意外出现时，一句话救场

口才提醒

当众讲话的危机处理能力，是衡量一个人综合素质能力的重要标准，更是一个人说好话语的基本保证。

生活中，当众讲话的机会很多，而每一次当众说话的机会，也是让自己积累受挫折和出丑的经验最多的时候。那些说话高手，当演讲进行中发生出其不意的事情时，通常都会以一句话来解围，这类解围的话我们姑且称之为"救星"。

具体来说，当发生下列突发情况时，我们就可以请出这些"一句话救星"来救场。

例如，很多人都希望自己是一个幽默风趣的人。但在实际运用当中，如果"包袱"不当或者时机不当，都会失效，这时，我们不但不会营造出欢快的气氛，反而会让自己陷入尴尬。在这尴尬的时刻，说话高手往往会这样说："这个笑话的奥妙之处，得要出动联邦调查局来发现。"然后以这句话笑自己并和大家一起笑。或者："在我没讲更多的笑话之前，我有个主意，如果你听了这个笑话就笑，我便免费奉送五个笑话。"这类妙语就是演讲者应付"包袱不响"的常用手段，它实际上对生活中任何尴尬或困窘的场面也均有解围的效果。

或者，我们也可能会因为意外事件而"打断"自己的演讲。演说家尤候曾经向我们举例说明这种情况的发生及其处理方法。比如，在一次为市场销售及管理人员的演讲中，谈到销售人员的沟通问题时，他把麦克风交给场下的一位听众："先生，您的顾客常给您是或否的肯定答复吗？"听众中爆出一阵大笑。

尤候不理会，只当是听众可能在笑他身体的动作或什么的。他再重复问题："您的顾客是否常对您的推销回答要或不要？"笑声更响了。这时尤候才发觉什么事不对劲，他问那位听众："先生，请问您是干什么的？"原来他是销售协会的领导人，并拥有六家工厂。当时尤候是这样给自己解围的，他说："我死的时候，你不要把我埋了。我要火葬，把我的骨灰放进电动孵蛋器里，我就可以继续在这里演讲。"这一次，听众的笑声就不是哄笑了。

有时，还会有破坏现场秩序的听众为难你，比如当你看见听众之中某人正对邻座耳语时，你可以说："为什么你不回家后再解释给他听？"如果中途有人打断你，说是要问问题，其实是想发表一通演说。当这人终于为他的长篇大论作了结语，你可以问他："是不是可以请你把问题重复一遍？"这样一句解围话肯定会使听众爆发出一阵笑声，就这样使一件不太愉快的打岔溜过去，讲话继续顺利进行。

"计划永远赶不上变化"，有时候，还会因为发生什么事情，使得演讲晚一点开始，如果时间拖延得太长，听众之中已有人坐不住，开始嘀嘀咕咕，就不妨利用这嘈杂声说："我们等了这么久，我好像听到兀鹰在我们头上嗡嗡盘旋了。"还有一位演讲者遇到了这样一种情况——他正在演讲时突然停电了，演讲大厅里一片黑暗，这时候只听到演讲者的声音清晰地传到听众的耳朵里："看样子，现在我们不得不在谈论的主题上发一些光。"这句话十分精彩，立即赢得了听众的热烈掌声。

是的，任何琐碎的问题和意外的事件都可能发生，无法控制的情况可能造成难缠甚至敌视的态度。为了扭转这种态度，必须以和善、有礼、愉快的姿态去面对，不论发生什么情况，都可以一句解围话来化解。只要切记，幽默力量能帮助我们消除听众的紧张情绪。

阅后衷告

幽默要懂用技巧

天底下没有百发百中的笑话，也没有"保证令人大笑"的。但是如果你掌握这些技巧，那么你的幽默力量就会得到较好的反应。

不要先泄漏了惊奇。比如，你要讲一个关于失业的笑话，那讲故事之前一定不要说："我现在要讲一个失业的笑话。"而是直接把故事讲出来。"爱情可以解决失业问题。""何以见得？""把所有的男人都放在一个岛上，所有的女人都放在另一个岛上。""这样又如何能帮助解决——哦，我明白了。这一来，每个人都开始忙着造船，失业问题不就解决了？"

　　掌握幽默的节奏。比如对重要的、关键的字眼要加重，以强化笑话的效果，在重要的语句说完之后要停顿一下，以加深别人对它的印象。有一位太太到派出所去报告丈夫失踪："他身材矮小，瘦瘦的，秃头，戴假牙。"（停顿）"其实早在他失踪以前，他身上的东西大半已经不见了。"另外，当你讲完整个故事，也要停顿一下，不要急着进入下一个故事或另一个趣点，让听众有机会接受你的幽默力量。停顿一下，让他们笑。

微笑是最好的解围语言

······ 口才提醒 ······

　　微笑，不仅可以拉近人与人之间的关系，它还是你面对一切尴尬瞬间时最好的语言。

　　心理学家请人就简单的肖像照片对照片上的人做评价。他选出的照片都是相貌平凡者，只是有的带微笑，有的则不带笑容。结果显示，面带微笑的照片会得到积极的评价。当你微笑时，别人会觉得你更可爱，更和善，更合群，并且更聪明。

　　其实，微笑，不仅可以拉近人与人之间的关系，它还是你面对一切尴尬瞬间时最好的语言。

　　有一次，原一平去拜访一位客户。去之前他就听说这个客户是个性格内向、脾气古怪的人，很难对付。但是原一平没有退缩，勇敢地敲响了客户家的门。

　　"你好，我是原一平，明治保险公司的业务员。"

　　"哦，对不起，我不需要投保。我向来讨厌保险。"

　　原一平并没有生气，而是诚恳地问："能告诉我为什么吗？"

　　"讨厌是不需要理由的！"客户突然提高声音，显得有些不耐烦。

原一平并没有选择离开，而是依旧面带笑容地望着他说："听朋友说你在自己的行业做得很成功，真羡慕你，如果我能在我的行业也能做得像你一样好，那真是一件很棒的事。"

原一平的话让客户的态度略有好转："我一向是讨厌保险推销员的，可是你的笑容让我不忍拒绝与你交谈。好吧，你就说说你的保险吧。"

于是原一平被请进了家门，原来客户并不是讨厌保险，而是不喜欢推销员。而在接下来的交谈中，客户在不知不觉中已经被原一平的自信、开朗、热情和坚定所感染。最后，客户终于被原一平说服，愉快地在保险单上签上了自己的大名，并和他握手道别，说："你真是个了不起的人，我好像完全不能抗拒你似的。"

这种不可抗拒的魔力就是原一平的微笑。当然，要想在任何情况下，尤其是尴尬时都笑得出来，却并不是一件轻而易举的事情，硬挤出来的笑还不如不笑。

很容易想到，那些懂得说话艺术的人，也必定知晓微笑的魅力。要不然，那些明星、演讲家、商业名人为什么出现在公众场合都面带微笑呢？如果一个人不懂得微笑，不知道在合适的场合用他的微笑示人，表情死板，那么他怎么会获得欢迎呢。

如果你很容易受到情绪的影响，那么要想时刻保持自然的微笑状态，就需要一些训练了。例如每天对着镜子，咬住一根筷子，露出上排牙齿，你可以用双手按住两颊肌肉，调整嘴角上扬的角度，直到你认为是最好的位置为止。然后把筷子拿掉，这就是你最理想的微笑表情了。看着镜子，记住这个表情。同时，多想一些愉快的事物，或令你有成就感的事物，并学会把这种感情表现在脸上。然后你就可以带着愉悦的心情，收紧下巴，常常地呼吸，抬头向前，走出家门。在路上碰到朋友的时候，以笑脸相迎，握手时要用力。心情坦荡，不必担心会遭到误解和嘲笑。当你在内心不断重复快乐的信念时，你周围的人或事便会如你期待的那样顺心合意。

阅后衷告

嘴角上扬，年轻自来

经过嘴角上扬操的练习，大多数人都可以在与人接触时，嘴角保持自然上扬状态，显得更加年轻、柔和。不但会笑得更美，而且原本有下垂趋势的面颊肌肉，经过一段时间的练习后，也会比以前更紧实了。让你看上去更自信、开朗，达到美容的效果。具体方法是：上扬嘴角10秒钟后，恢复原状，隔3秒再次上扬，如此重复3次。在嘴角上扬时，还可以仰头，保持头颈肌肉的紧张和伸展，有利于颈部皮肤更加紧致和富有弹性。

现挂才是好本事

你"现挂"的能力就是你驾驭现场氛围的能力。

"现挂",这是一个相声表演术语,指的是表演者能敏捷而有效地抓住周围环境中的突然行为或现象,使其与表达的内容结合起来,从而减少其不利影响,以达到烘托、补充、增强说话效果的方法。

董卿是中央电视台著名女主持人,她博才多学,口齿伶俐,情商极高,主持过很多重要节目。她现挂的本事也是超强的,这可从节目中她的多次完美"救场"中看出来。

在交际场合中,如果我们能根据眼前的尴尬敏捷地"现挂",不仅可以摆脱困境,很多时候还会收到意想不到的效果。

李肇星在任外交部副部长期间,有一次出使智利参加两国外交部政治磋商。会谈结束之后,按照惯例,要互赠礼物。李肇星便把从中国带来的礼品——仿青铜工艺品"马踏飞燕"郑重地交给了对方。

按照西方的习惯，受礼人一般是要当着赠礼人的面将礼品打开，然后赞扬、致谢。当智利外长解开精美的古色古香的包装盒时，令人尴尬的一幕出现了——骏马不是踏着飞燕，而是躺在飞燕的旁边！显然，礼物可能在运输途中破碎了。

就在现场的气氛凝固之时，只见李肇星迅疾做出了反应：他不慌不忙，从盒子里把骏马和飞燕拿出来，亲切地对智利外长说："这是我国 2000 多年前的文物，十分珍贵。"他边说边把骏马与飞燕对接好，微笑地对主人说："你看，这骏马奔腾的姿势，这娇燕飞翔的动作，是多么地生动、逼真，2000 多年前人类就有这么高超的艺术水平、这么先进的铸造技术，就连今人也会自叹不如。"气氛开始缓和，在场的中方代表也为之松了口气。为了把尴尬化解得更圆满，李肇星又接着说："古人也有考虑不周的地方，骏马与燕子结合的地方，做得不够结实——不过也不能责怪他们，他们哪里会想到，我们会万里迢迢把它带到大洋彼岸，送给我们最好的智利朋友呢？"

李肇星这一段机智的妙语将原本凝固的气氛化解了，会客厅里重新洋溢起了欢快的笑声。

还有一个例子：

汉末三国之际，刘备在小沛被吕布打得大败，失去栖身之地，不得已而投奔曹操。曹操素知刘备在徐州一带颇得民心，又有关羽、张飞为左膀右臂，生恐日后成为心腹之患。为了把他控制在自己手中，他把刘备带到了许昌。

曹操这种顾虑并非多余，实际上，刘备也早有别图。但表面上，刘备却又装出毫无作为的样子，在寓所屋后开了一片菜田，每天在地里种菜施肥。

一天，曹操突然请刘备赴宴。刘备不知曹操用意，十分不安。酒至半酣，忽然黑云漠漠，大雨将至。曹操看着天上闪电，忽又发起议论说："龙能大能小，能升能隐；大则兴云吐雾，小则隐介藏形；升则飞腾于宇宙之间，隐则潜伏于波涛之内。方今春深，龙乘时变化，犹人得志而纵横四海。龙之为物，可比世之英雄。"说到这里，曹操回首问刘备："你看谁可称得上当世英雄？"

刘备本自心怀异志，闻曹操此问，更加忐忑不安。但却又故作镇静，谦虚地说了些"肉眼不识英雄"之娄的话。在曹操坚持发问之下，他便历数了袁绍、袁术、刘表、孙坚等人。哪知曹操听后，却仰天大笑，说这些人不过是碌碌无能之辈，何足挂齿。接着便再发议论说："所谓英雄，必定胸怀大志，腹有良谋，有包藏宇宙之机，吞吐天地之志者。"刘备问谁是这样的英雄，曹操用手指着刘备，又指一下自己，说："当今天下英雄，只有刘使君你和我两人而已。"

刘备听罢，大吃一惊，手中筷子登时落地。当时正值大雨将临，一声霹雳轰然震耳。刘备自知失态，立即机敏地俯身拾起筷子，从容地说："一震之威，乃至于此。"曹操笑着说："大丈夫也这么害怕雷吗？"刘备说："连圣人在迅雷烈风面前都会变色，何况我刘备怎能不怕。"

就这样，刘备不仅巧妙地将话题转移了，还避免了尴尬，解除了曹操的疑心。

国际间的、政治性的尴尬都可以"现挂"化解，生活中的意外更是不在话下了。例如，某物理老师在一次讲公开课时，不知是新洒扫的教室太滑，还是因紧张而未留神，突然脚下"哧"的一声差点滑倒。恰巧这节课的内容是摩擦力，未等学生们笑出声来，该老师便已放下粉笔问道："这种现象说明我脚下的摩擦力是大是小？""如何才能不滑倒？"接着他又讲了汽车为什么打滑以及如何防止打滑的道理。

这个物理老师敏捷的现挂，不仅化解了尴尬，而且还生动形象地讲清了有关知识，得到各位听课老师的一致好评。

当然，要做到巧妙地利用临场突发的非语言情境因素而现挂，并不是一件容易的事。一般来说，必须做到以下这两点：一是目的明确，或烘托、或补充，以增强语意的表达；二是必须及时自然，切忌为现挂而现挂，这样才会生动具体，幽默风趣。

阅后衷告

现挂要幽默

老舍先生和相声表演艺术家欧少久的"现挂"轶闻，至今仍在文艺界传为佳话。在一次联谊活动中，有人喊："老舍先生来一段相声。"老舍发现说话的是欧少久，便说："咱俩来段相声吧？"

欧少久说："我先出个上联：坐着走。"

老舍问："坐着走是怎么回事？"

欧少久解释："演出完了，叫来一辆胶皮，我坐着走。"

老舍先生马上应对："我对：起来睡。"老舍解释："那天我在沙发上坐着打盹呢，老伴喊我，起来睡！"

欧少久说："我再出个上联：小大姐，上下庙，走的东西南北路。"

这个也难不住老舍，他说："我对：中青汉，站山坡，手搭凉棚转磨磨。"

"您怎么还转磨磨呢？"

"是啊，您把东西南北都给占了，我可不就转磨磨吗？"观众哄堂大笑。

Part 6

错误表达莫尴尬，闪转腾挪显乖滑

在与人交谈时，尤其是较为正式的交际场合发生口误导致失言，这是令每一个人都感到尴尬的事。失言不但可能引起误会和不快，还有可能被对方抓住把柄，丧失在交际中的主动地位。不过，失言虽然不可避免，但只要积累经验、掌握技巧，就能够在一定程度上挽回失言所带来的恶劣影响，甚至产生出乎意料的特殊效果。

真诚道歉不输面子

　　道歉是一种美德和值得尊敬的事，所以，当意识到自己说错了话，最有效的方法就是道歉。

　　俗话说，人非圣贤，孰能无过。人在一生中，总会犯下各种各样的错误。在与他人聊天的过程中，我们难免也会有说错话的时候。这些说错的话不仅会让自己陷入尴尬难堪，有时也会让别人受到伤害。

　　当意识到自己说错了话，最有效的方法就是道歉。这并不丢脸，反而能赢得一些尊敬。

　　有"美国电视新闻第一夫人"之称的芭芭拉·沃尔特斯，在一次主持《今日秀》时，和一位嘉宾谈到了阿尔伯特·史怀哲，芭芭拉快活地问对方史怀哲现在过得怎么样。这位客人诧异地盯着她说："可是，他已经去世了。"

　　这是何等尴尬的场景！当时，芭芭拉准备用一个老生常谈的俏皮话弥补这个疏忽："我甚至不知道他生病了。"这句话在她的脑海里一闪而过，最后芭芭拉还是坦白地承认："我太蠢了，我真是笨头笨脑。当然，我应该记得前些时候，他去世了。"这之后，她问了下一个问题。

节目结束之后，芭芭拉估计嘲弄的信件会像雪崩一样涌来，但事实上没有一封信提及她的这个大错误。她想大部分观众是宽容的，能谅解人的过失，或许他们也曾犯过类似的错误。或许是他们欣赏她的诚实。但有一点芭芭拉想指出：不要去欺骗，要马上承认自己做了个错事。

做错事就承认、说错话就道歉，这没什么丢人的。如果明知自己的话伤害了别人，还要找借口为自己辩解逃避责任，才最丢人。

最常见的道歉方式是说一声"对不起"，但一句"对不起"并不等于完全道歉，因为如果不是发自内心，对方感受不到道歉的诚意，那么问题依然没有得到解决。

真正的道歉是不仅仅承认自己的错误，承认自己的言语和行动给双方关系或事情进展带来了伤害，更要勇敢诚恳地为自己犯下的错误承担应有的责任。这样的态度和行为会让你得到别人的谅解，甚至还会增进双方的感情。因为经历过挫折的感情更能经得住考验。

其实，检讨自己，纠正错误，这本身就是一种美德和值得尊敬的事。你完全没有必要躲躲闪闪，羞羞答答。当然，你也不必夸大其词，一味往自己脸上抹黑，那样，别人不仅不会接受你的道歉，甚至觉得你虚伪。

另外，接受道歉与向人道歉一样，也是一项重要的社交技巧。大多数人在想道歉时都会感到难以启齿，所以接受道歉的人应该表示很欣赏对方积极认错的态度，要给对方一个体面的台阶，让对方有一个改变原有态度的机会。这样，既有利于树立自己的形象，又有利于建立良好的人际关系。

阅后衷告

"对不起"说不出口，用别的方式代替

如果你觉得道歉的话实在说不出口，也可以用别的方式来代替。比如：

让他人代为道歉：你可以将自己的歉意暗示给你们双方都熟悉的另一位朋友，请求他为你向对方道歉。

借助小道具：很多人尤其对亲密的人说不出道歉的话。这时，一束鲜花就可使你们前嫌冰释；或者，把一件小礼物放在对方的餐桌上或枕头底，可以表明悔意，以示爱念不渝；另外，大家不交谈，触摸也可传情达意，这就是所谓的"此时无声胜有声"。

文字道歉：文字道歉很大程度上避免了当面说出来的尴尬。但用文字去道歉时，须注意：过多情绪的字眼，并没有帮助。道歉的重点在于：发出清楚、直接、诚恳的道歉信息。

致歉之后，转移话题

从某种意义上来说，一个人的随机应变能力，就是他的知识储备和运用能力。

由于讲话人精神过于紧张、压力太大或者精神不集中等情况，很容易出现口误。当你觉察到自己讲错话的时候，其实就是考验你知识水平的时候。如果你可以针对错话，巧妙地进行一番辨析，不仅可以使听众谅解你的失误，消除自己的窘困，而且能够让大家感受到你的机智和灵敏，从而产生独特的现场效应，这岂不是把坏事变成了好事吗？

例如，一位节目主持人临时参加海南省某京剧团建团庆典，由于事先没有充分了解情况，导致她在介绍来宾的时候，错把花白头发的老汉——海南师范学院党委书记南新燕介绍成了"小姐"，现场顿时一片哗然。如此窘境，主持人却并没有慌乱，她先向被介绍人真诚地道歉，然后侃侃而谈："您的名字实在是太有诗意了。我一见这三个字，立即想起了两句古诗：'旧时王谢堂前燕，飞入寻常百姓家。'这是一幅多么美的图画。今天，这里出现了类似的情景，京剧一度是流行在北方的戏曲，而现在，京剧从北到南，跨过琼州海峡，飞到了海南，而且在这里安家落户，这又是一幅多么美好的图画呀！"掌声立刻响了起来。

在这段话中，主持人先是表示出"对不起，我是望文生义了"的歉意，接着语意一转，由自己的语言失误引出活动的话题，并进行了富有诗意的生动描述。这位主持人的应变能力实在让人叹服，所以，她赢得全场观众异乎寻常的热烈影响，也就十分自然了。

还有一个例子：有一个新毕业的大学生去某合资公司求职，一位负责接待的先生递过来名片。大学生神情紧张，匆匆一瞥，脱口说道："藤野木石先生，您身为日本人，抛家别舍，来华创业，令人佩服。"那人微微一笑："我姓藤，名柘，地道的中国人。"大学生面红耳赤，无地自容。片刻之后，神志清醒，诚恳地说道："对不起，您的名字使我想起了鲁迅先生的日本老师——藤野先生。他教给鲁迅许多为人治学的道理，让鲁迅受益终生。希望藤先生日后也能时常指教我。"藤先生面带惊奇，点头微笑，经过认真的考核，最终录用了他。

其实这两个化解口误尴尬的例子有一个共同点，那就是，都是在简单的致歉之后立即转移话题，有意借着错处加以生发，以幽默风趣、机智灵活的话语改变场上的气氛，使听者随之进入新的情境中去。

而要想做到这一点，那一定是建立在知识储备丰富和语言驾驭能力高超的基础之上的。胸有成竹，欲发则出；积之愈深，言之愈佳。因此，我们必须在日常生活中有目的、有意识地加以学习，积累各方面知识。只有不断地学习吸取，言辞的表达才会有不断的生命力，你才能在出现口误时从容不迫地扭转自己尴尬的处境。

那么，我们应该怎样来具体学习、锤炼语言呢？下面介绍几种可行、有效的方法。

一是多读。"熟读唐诗三百首，不会作诗自会吟"的经验之谈，是大家所熟悉的，它告诉人们要学习口语，提高说话的技巧，就应多读书、多看报。当然，它并不局限于是纸质的还是电子的。

二是多听。把你听到的表现人类智慧的警句、谚语，记在本子上、记在心里，久而久之，谈话的题材、资料就越来越多，你说起话来也就越来越条理清楚，出口成章。

三是多思。提高自己的表达能力，就要不断提高自己观察问题、思考问题时的敏锐性，这样，你整个人的个性素质和各方面的能力都会提高，从而成为一个说话高手。

四是多用。学习吸收的目的是为了更好地应用，不能应用的吸收毫无意义。懂得如何运用，可以使一句普通的话发挥出惊人的效果。

阅后衷告

从生活中找语言

生活是语言最丰富的源泉。要使自己的语言丰富起来，一个闭门造车，与外面世界没有接触的人，是很难如愿的。老舍曾说："从生活中找语言，语言就有了根。"这话含有很深刻的道理。一个不谙世事的人，所发言辞要么造就笑话，要么酿成苦酒。所以，要想提升自己的口才，你还必须深入生活，努力扩大知识面。正如曹雪芹之言："世事洞明皆学问，人情练达即文章。"

被自己的话"打脸"，转嫁出去就是了

你的尴尬程度与你的脸皮厚度成反比，所以不妨练就。

有时，我们会自视甚高，自己夸耀自己，但却难免言过其实，与现实形成反差。

如果你不幸被自己的话"打了脸"，脸红只会让自己更尴尬，还不如干脆磨厚脸皮，练就出一身自吹自擂的幽默技巧。

一次，萨马林陪着斯图帕托夫大公去围猎，闲谈之中萨马林吹嘘自己说："我小时候也练过骑马射箭。"

大公要他射几箭看看，萨马林再三推辞不肯射，可大公非要看看他射箭的本事。

实在没办法，萨马林只好搭箭开弓！他瞄准一只麋鹿，第一箭没有射中，便说："罗曼诺夫亲王是这样射的。"他再射第二箭，又没有射中，说："骠骑兵将军是这样射的。"第三箭，他射中了，他自豪地说："瞧瞧，这就是我萨马林的箭法。"

并不精通射箭，无意中吹嘘了一下，不料却被大公抓住把柄，非要看他出丑不可。好在萨马林急中生智，把射失的箭都推到别人的身上，仿佛自己射失是为了作个示范似的。终于射中一箭，才揽到自己身上，夸耀一番。自己夸耀自己的本事，毫不脸红，就会透出浓浓的幽默情趣。萨马林靠着自己的厚脸皮，不但没有当场出洋相，说不定还令斯图帕托夫大公开怀一笑了呢。

还有一个例子：

一个小伙子自以为下棋极精，老爱吹牛，总是不服输。有一次，他与人连下三盘，盘盘皆输。过了几天，有人问他："那天的棋下了几盘？"他回答说："三盘。"人家又问："谁胜谁负，能告诉我吗？"

他脸不红心不跳地说："第一盘我没能赢他；第二盘他又输不了；第三盘我想和，他却不干！"

这个小伙子棋艺不精，脸皮倒是不薄。连输三盘的战局，经他的口一说，不小心还真被他糊弄过去。而他之所以能使自己从输棋的困窘中走出，人们也为之莞尔，靠的也正是他的厚脸皮。

现实生活中，作为一种"厚脸皮"的幽默技巧，我们也可以将它融入我们的语言中。有时，我们甚至可以故意制造这样一种情形——即不管你处于什么样的情势，都可以毫不脸红地把自己吹嘘一番，以产生幽默的效果，活跃交际的氛围。当然，你所"吹"所"擂"的东西应与现实情况有较大差异，并且表意明确，让对方很容易就通过你的话语看出你的名不符实，这样，幽默才能顺利产生。

阅后衷告

磨厚自己的脸皮

1. 争取在大众面前表达自己，这是很好锻炼脸皮厚的好机会。

2. 给自己心理暗示，不要去害怕背后的议论，我又不会损失什么东西。

3. 大胆自嘲自黑，这会让你的脸皮变厚。

4. 做一些自己觉得难堪的事，比如上街要异性的电话号码或者联系方式，和不认识的人开开玩笑之类的。

将错就错，把话"圆"回来

将错就错的巧妙开脱往往比一味解释更具有奇妙的作用。

俗话说"人有失足，马有失蹄"，无论是凡人还是名人，都免不了出现一些言语失误。虽然，这其中的原因各有不同，但失言造成的后果却是极为相似的，有时会贻笑大方，有时会纠纷四起，有时甚至不堪收拾。

但失足了可以再站起来，失蹄了可以重新振作，而我们失言后依然可以用语言进行弥补，只要我们懂得随机应变。比如，将错就错，巧妙地改变错话的含义，将本来的错误变成正确的说法。

例如下面这个例子：

民国时期的大军阀张作霖，当时有一点深得人心，那就是他强烈主张抵御日本侵略。有一次张作霖出席名流集会。席间，有几位日本浪人突然声称，久闻张大帅文武双全，请即席赏幅字画。张作霖明知这是故意刁难，但在大庭广众之中，"盛情"

难却，就满口答应，吩咐笔墨侍候。他潇洒地踱到桌案前，在满幅宣纸上，大笔一挥写就了一个"虎"字，然后得意地写上落款"张作霖手黑"，钤上朱印，踌躇满志地掷笔而起。那几个日本浪人面对题字，一时像丈二和尚一样，摸不着头脑，面面相觑。

机敏的随侍秘书一眼发现了纰漏，"手墨"怎么成了"手黑"？他连忙贴近张作霖身边低语道："大帅，您写的'墨'字下面少了个'土'，'手墨'变成了'手黑'。"张作霖一瞧，不由得一愣，怎么把"墨"字写成"黑"了。如果当众更正，岂不大丢面子？

张作霖眉梢一动，假装呵斥秘书道："我还不晓得这'墨'字下面有个'土'？因为这是日本人索要的东西，就是不能带'土'。这就叫做'寸土不让'嘛！"语音刚落，满堂喝彩。那几个日本浪人这才领悟到张作霖不好惹，他们越想越没趣，只好悻悻退场了。

张作霖在自己写错字的情况下，并没有乱了阵脚，而是将错就错，巧妙地暗示大家他把"墨"写成"黑"，不是因为自己不会写，而是因为对于日本的侵略寸土不让。这样一来，本来已经出错的张作霖不但避免了尴尬，反而表现出他的民族气节。

事实上，掌握神奇机智的语言应变技巧，无论是在什么场合下、什么对象前，都具有重要的作用。特别是处境尴尬时，将错就错的巧妙开脱往往比一味解释更具有奇妙的作用，它是机智应变语言的重要内容之一。

谨言慎行，小心出错

其实，口误、笔误都是生活中经常发生的微不足道的小失误。偶尔口误也没什么大不了的。但如果是性格急躁型的人，遇到事情慌里慌张，不经过大脑组织想说什么随口而出，这样的习惯会大大增加口误的机率。为了避免让自己丢面子，个人能力被否定，还是应该谨言慎行的好。古人有云，三思而后行，说话前，把话在脑子里过一遍，这样就不容易出错，造成误会了。

一番戏言来解错

从心理学角度而言，过于严肃和枯燥的东西往往不易为人所接受，所以人们会想方设法把它变得灵活些、有趣些。说话也是一样，如果我们因为一次口误而搞得自己和他人都很尴尬，甚至阻碍了正常交际的顺利进行，我们同样可以通过一番戏言的解说将其诙谐化，利用它把原来被搞僵的场面激活，使交际活动得以顺利推进。

例如，2007年，英国女王伊丽莎白二世和丈夫菲利普亲王访问美国，当时的美国总统小布什在华盛顿举行了隆重的欢迎仪式。不过尴尬的是，布什在致辞时出现了口误。他说，美国人民非常荣幸地欢迎您再次来访。您曾经和10位美国总统共进过晚餐，您还参加了美国独立200周年的纪念仪式，那是在17……是1976年。意识到自己的错误后，布什有点儿窘迫地冲女王眨了眨眼，女王也回头看了看他，面无表情，现场气氛冷到冰点。幸亏布什马上开了个玩笑："她（女王）刚才看我的时候，就像是母亲在看孩子。"此话一出，顿时化解了现场的尴尬。

运用这种幽默风趣的表达方式，既可以轻松地补救失误，又能够活跃演讲的现场气氛，何乐而不为呢？

事实上，幽默不只是偶尔开个玩笑而已，它是基本的求生工具，也是生活中急切需要的工具。大家都需要多点笑，少点担忧，一次口误怕什么，哪怕是生活中真正让人痛苦的事，也没必要看得那么严重。人生如演戏，生活如戏台，芸芸众生又如戏中傀儡。如能看破人生的严肃面，自然能以较轻松的态度应付人生。

幽默，应该是一种人生态度，因为它不只是表层上的语言，而是一种灵活的思维、平和的心态、豁达的胸襟。要想拥有幽默，不能只靠技巧、练习，而是要靠对于日子的认真思考，对于世界的放眼瞭望，对于生活的深刻理解。

我们可以从以下几个方面做些努力：

培养乐观的信念

"幽默属于乐观者。"一个心地狭窄、思想颓废的人不会是幽默的人，也不会有幽默感的。有乐观的信念，才能对于一些不尽如人意的事泰然处之。

因此，要做一个有幽默感的人，先要做一个乐观的人。善于发现生活中的美，善于发现快乐。不管面对什么样的境地，都要持有一颗积极进取之心。有个乐观向上的态度，幽默感也就自然而然地流露了。

丰富自己的知识

幽默是一种智慧的表现，它必须建立在丰富知识的基础上。如果一个人对古今中外、天南地北的历史典故、风土人情等各种事情都有所了解和掌握，再加上有较强的驾驭语言的能力，说话就会生动、活泼和谐趣。这也就是为什么古今中外著名的幽默大师，往往又都是语言大师的原因了。

因此，要做一个有幽默感的人，必须广泛涉猎，充实自我，不断从浩如烟海的书籍中收集幽默的浪花，从名人趣事的精华中撷取幽默的宝石。另外，幽默也不能过于深奥，应通俗易懂，否则使人像猜谜一样，百思不得其解，也达不到欢娱的效果。

拥有自嘲的勇气

真正幽默的人，其实是自信的人，不怕受人嘲笑，而且非常善于自嘲，这种自嘲实际上是建立在自信的基础之上。很难想象，一个自惭形秽或者心胸狭小的人，也能自骂自嘲。敢于自嘲，就敢于正视自身的缺陷、不足和失败，就敢于正视不利的环境和条件。自嘲者表面自嘲，实际上在自嘲的背后有一种力量。

另外，我们还应该注意在生活中培养深刻的洞察力，提高观察事物的能力，培养机智、敏捷的能力，这些是提高幽默的一个重要方面。只有迅速地捕捉事物的本质，使用恰当的比喻、诙谐的语言，才能使人们产生轻松的感觉，才能为人们带去欢乐。

阅后衷告

幽默莫过头

有些人为了追求聊天中幽默的效果，语言胡编乱造，甚至做些很不雅观的动作，跟小丑演戏差不多。听者本想笑，却笑不起来，只好摇头叹息，或者处于照顾对方情绪的考虑，陪着干笑。这样的风趣似乎"串味"了。"幽默"过了头，听众是不喜欢的，这样的人只会给人华而不实的感觉。

把错话说"圆"

在说错之后能把错话说"圆"也可以认为说得无误。

生活中，我们很可能会遇到这样的情况：自己也不知为什么，竟说出一句跟自己本意完全相反的话，而且马上就意识到了。这时你就可以装作不知道，然后采用调整语意、改换语气等续接方式予以补救。只要反应敏捷，应变及时，大多可以收到不露痕迹的纠错效果。

在某公司的开业庆典上，一位经理发表即兴演讲，在强调纪律的重要性时，他这样说道："公司是统一的整体，它有严格的规章制度，这是铁的纪律，每一个员工都必须自觉遵守。上班迟到、早退、闲聊、乱逛、办事推诿、拖沓、消极、懈怠，都是违反纪律的行为。我们允许这些现象的存在……"

刚说完，这位经理马上意识到自己把本来想说的"我们决不允许这些现象的存在"一句话中"决不"二字漏掉了，怎么办？

这位经理的反应力和应变力是很强的。只见他佯作不知，马上循着语言表达的逻辑思路，续补了一句揭示其后果的话——"就等于允许有人拆公司的台，我们能够这样做吗？"这样的续接补救，真可谓顺理成章，天衣无缝。而且，用这样一个反问句结束，同时增强了演讲的启发性和警示力。

还有一个例子，有一名员工在公司举行的演讲比赛中，根据规定，即兴发表了题为《员工不是扑克牌》的演讲。在演讲中，当"员工是可以由老板任意掌控和摆弄的扑克牌……"

这句话一出口，他马上意识到讲漏了一个"不"字。要知道，一字之差，意思就完全反了。怎么办？他急中生智，赶紧纠正道："这难道不是许多公司老板的错误看法吗？"一个反问句，就这样顺理成章地补救了自己的口误，让在场的听众丝毫都没有觉察出来。你说高明不高明？

除了这种反问补错的方式，有时，我们还可以自己在反问句后面给出否定答案，即用反问＋否定的句式。比如，你本意是阐述这样的观点"男性思维偏向于理性思考，女性思维则偏向于感性思考"，却不小心说反了，说成了"男性思维偏向于感性思考，女性思维则偏向于理性思考"。即使刚说完你就发觉了，也已经为时已晚。这时，最好的方法就是紧接着发问并自问自答："刚才这种说法对吗？显然，这是不对的。"然后，赶紧再把正确的说法说一遍。

人非圣贤，孰能无错，谁都免不了有发生语言失误的时候。如果不及时补救的话，要么会授人以柄，要么会让对方不快，更会让自己陷入尴尬局面，从而把自己的形象和声誉给影响了。但是如果我们掌握了"反问＋否定"的技巧，在说错之后能来个改错为正，把错话说"圆"，就可以弥补得天衣无缝，从而轻松地摆脱窘境。

阅后衷告

克服公开讲话的紧张情绪

1977年，《列表之书》畅销全美。其中一章的标题是"人类的14种恐惧"。你知道第一恐惧是什么吗？那就是"在一群人面前讲话"，而"死亡"只排第六位。可以说，在公众面前讲话紧张，是人的本能。人们在被许多人注视的时候，之所以尴尬、显得不自然，就是因为紧张。人们总以为在公众面前应该拿出个什么架子，像个什么样子，其实越是紧张，表现得反而更不好了。

我们如果能战胜这种紧张本能，就可以很大程度上减少口误的几率，这对自己的影响力也会有极大的提升。其实，当众讲话，想起来是要多可怕就有多可怕。但这种可怕往往是我们自己想象出来，自己吓自己的。你要告诉自己，听众是和我们同样的人，他们不是洪水猛兽，我们只是在和他们进行思想交流而已。

Part 7

遭辱被怼莫尴尬，绵里藏针见优雅

生活中，人人都难免偶尔会遭受到一些指责、刁难或侮辱，默默忍受和跳起脚反击，都只能让自己在尴尬的路上越走越远。

当因受到攻击而浮躁不安时，首先必须要学会站稳脚跟，不要失去应有的冷静与镇定。之后再充分利用好你的口才，为自己轻松解围的同时，还可以将它变成反击的武器，巧妙地回应一些不礼貌、攻击性的语言。

和傻瓜吵架的人也是傻瓜

我们之中的任何人，都难免会有和别人产生分歧的时候。你是如何处理的呢？相信大多数人都会选择用无休止的争辩来捍卫自己的权威和尊严。不过，一旦开始争论，也就开启了一场永远不会胜利的赌局。因为辩论的双方都以对方为"敌"，因此留给对方的印象往往都是不愉快的。而且，在场的其他人也会因此陷入尴尬之中，并对你们失控的行为嗤之以鼻。

林肯就曾经说过这样一段深具哲理的话："任何决心有所成就的人，绝不会在私人争执上耗时间，争执的后果，不是他所能承担得起的。而后果包括发脾气、失去自制。要在跟别人拥有相等权利的事务上，多让步一点。而那些显得是你对的事情，就让得少一点。与其跟狗争道，被它咬一口，不如让它先走。因为，就算宰了它，也治不好你的咬伤。"

而避免引起双方吵起来的最好方法就是：

高挂"免战牌"

对方来势汹汹，我缄默不言，高挂"免战牌"，他一个巴掌拍不响，无人应战，自讨没趣，冲突自然化解。

例如，在洛克菲勒的轶事中，曾有一位不速之客突然闯入他的办公室，直奔他的写字台，并以拳头猛击台面，大发雷霆："洛克菲勒，我恨你！我有绝对的理由恨你！"接着那位客人恣意谩骂他达几分钟之久。办公室所有的职员都感到无比气愤，以为洛克菲勒一定会拾起墨水瓶向他掷去，或是吩咐保安员将他赶出去。然而，出乎意料的是，洛克菲勒并没有这样做。他停下手中的活，和善地注视着这位攻击者，那人越暴躁，他就显得越和善。那无理之徒被弄得莫名其妙，渐渐平息下来。末了，他又在洛克菲勒的桌子上敲了几下，仍然得不到回响，只好索然无味地离去。洛克菲勒呢，就像根本没发生任何事一样，重新拿起笔，继续他的工作。

不理睬他人对自己的无理攻击，便是给他最严厉的迎头痛击。

语气不卑不亢

有些人在辩论中容易冲动，出言不逊，甚至开口骂人，希望以昂扬的气势将对手压制下去。越是这样，另一方就越要沉住气，努力不受对方干扰，按照自己的步骤和节奏，不卑不亢，沉着应对。

罗蒙诺索夫是俄罗斯一名博学多才的伟大学者。有一次，他和宫廷贵族舒瓦洛夫伯爵为一个问题争论起来。"你简直是个大傻瓜！"舒瓦洛夫伯爵理屈词穷，气急败坏地嚷着。"阁下，有人说，在俄国大臣下面当一个傻瓜是最荣幸的，即使是这样，我也不愿意。"罗蒙诺索夫平静地笑道。"我要把你开除出科学院！"舒瓦洛夫伯爵叫得更凶了。罗蒙诺索夫神情坦然地说道："请原谅，任你怎么说，也无法把科学从我身上开除出去！"

在这场激烈的辩论中，面对舒瓦洛夫伯爵的咄咄逼人，罗蒙诺索夫始终保持学者风度，贵族老爷"金刚怒目"，他却镇静自若；贵族老爷破口大骂，他却风趣机敏，两者形成鲜明对比，有力反衬出伯爵的粗暴和无知以及罗蒙诺索夫的从容和优雅。

苦口良药笑而纳之

如果因为良言忠告出自对手之口就横加排斥，死搅蛮缠，一味反驳，往往会将自己限于可笑的被动地位。如果笑而纳之，反而显示出自己虚怀若谷、闻过即改、不固执己见的大将风度。

当年罗斯福竞选美国总统，在新泽西州的一个小城市里发表演说。他在论及女人选举权时振振有词，极力赞成妇女参政。这时，听众中忽然有人狂呼："上校！你五年前不是反对过妇女参政吗？"

罗斯福坦然回答道："是的，我五年前因为学识不足，所以主张错误，现在已有进步了！"其人哑然，而广大听众则对罗斯福勇于自责，诚于纳言的宽广胸怀所感动。后来，罗斯福终于成为美国人民爱戴的总统。

阅后衷告

可以坚持己见，但不要好斗

"学会提出异议而不会令人不快。"——这是一位心理学家为我们提供的处理家中或工作中矛盾的建议。可以坚持己见，但不要好斗，骂人，态度粗暴。对每个人都友好礼貌，这是力量的标志，而非软弱。很多时候，你的态度比能力更重要。柔声说话（大声说话容易引起气愤）、顾全他人面子很重要，给你对手台阶下，彼此尊重才是避免矛盾争吵的关键。

以子之矛攻子之盾：用他的话证明他的错

以退为进，导入荒谬，反戈一击，驳倒对方。

大家都知道，人们为了表达意思的完整，做到无懈可击，说话往往避免自相矛盾。然而，在我们的生活中，真理与谬误的斗争无时不有、无处不在。高明的辩论者总是善于抓住对方一句话、一个比喻、一个结论，然后把它接过来去反击对方，把他给自己的荒谬的逻辑、语言和行为、不愿接受的结论，用演绎的逻辑还给他，即以其人之道还治其人之身。正如伊索寓言中《不忠实的受托人》一文最后的警言所说："遇谎言说得过于离题的时候，你如果想用论证来破其谬见，那么未免太郑重其事了。反驳荒唐言论常用而最有效的技法是'以其人之道还治其人之身。'"

这种方法其实也就是人们常用的一种论证方式——归谬法。在具体的操作中，一般包括下面三种形式：

一是假定对方论点为真，从对方的论点中推导出虚假的结论，再根据充分条件假言推理的否定式，否定对方的论题。

比如，餐馆里一位顾客叫住老板："老板，这盘牛肉简直没法吃！"

老板："这关我什么事？你应该到公牛那里去抱怨。"

顾客："是呀，所以我才叫住你。"

顾客按照老板的荒谬逻辑，推论出老板即是"公牛"，让对方哭笑不得，自食其果。

二是假定对方论点为真，从对方的论点中推导出与其矛盾的结论，再根据充分条件假言推理的否定式，推翻对方的论题。

例如，著名童话家安徒生一生很俭朴，一天，他戴着破旧帽子在街上行走。

有个路人嘲笑他："你脑袋上边的那个玩意是什么？能算是帽子吗？"

安徒生回敬道："你帽子下边的那个玩意是什么？能算是脑袋吗？"

再如，一个药剂师走进邻居一个书商的铺子里，从书架上拿下一本书，问道："这本书有趣吗？""不知道，没读过。"

"你怎么能卖你自己未读过的书呢？"

"难道你能把你药房里的药都尝一遍吗？"

这两个例子中都用到了这种反驳方法。即以退为进，导入荒谬，反戈一击，驳倒对方。不但反驳有力，而且言简意赅。

三是假定对方论点为真，从对方的论点中推导出两个相矛盾的结论，再根据矛盾律，驳倒对方的论点。我们知道，自相矛盾的论点是站不住脚的。如果从对方的论点中推导出自相矛盾的论题，那么，无需再用事实来检验，就可以驳倒对方的论点，省却许多麻烦。

另外，这种自相矛盾也可以用在自己身上，尤其是在家庭生活中，这种艺术可以很好地融洽夫妻关系。

例如，一对新婚夫妇争吵，妻子终于忍不住叫了起来。

妻子说："我要跟你吹了。我要去收拾东西，离开这里去母亲那里。"

"很好，亲爱的，车费在这里。"

她接过钱灵敏起来，突然说："我回来的路费怎么办？"

既然是宣布告吹，不言而喻就是不回来了，可是又问回来的路费怎么办，说明还想回来，二者自相矛盾。自相矛盾对于表达一个理性的决定来说是失败的，但对于表达夫妻间的微妙的情感来说却是十分成功的。而且，妙就妙在她虽不愿讲出来，但仍然自相矛盾地泄露了出来，而且这并不是虚假，而是很真诚的。如果只有矛盾而不真诚就毫无趣味和艺术可言了。

阅后衷告

能用事实说话时，最好用事实说话

历史上，许多名人都将归谬法作为自己得心应手的有力武器，许多艰涩的理论，使用归谬法即可进行简单的证明。意大利科学家伽利略对于"物体越重其下落速度越快"这一论点的反驳，就是运用归谬法这种形式，其反驳过程如下：如果重物（A）

的下落速度快于轻物（B）的下落速度，那么重物与轻物联在一起（A＋B）的下落速度快于重物（A）的下落速度。因为A＋B重于A）。如果重物（A）的下落速度快于轻物（B）的下落速度，那么重物与轻物联在一起（A＋B）的下落速度慢于重物（A）的下落速度（因为速度快的A带上速度慢的B，其速度一定比A慢，比B快）。所以，物体越重下落速度越快是假的。从此，自亚里士德以来一直被当作"真理"的这个传统的观念，就这样被伽利略驳倒了。

答非所问，让难题不了了之

　　一个聪明的剑客绝对不是任何时候都迎刃而上，说话也是如此。

　　很多时候交际如战场，会遇到形形色色的人，当然也会遇到让人难以回答甚至不怀好意的提问。如果回答，会让我们感觉尴尬，不回答又显得不够大气。

　　这时，答非所问就派上用场了。答非所问可以让我们巧妙地绕开他人的话题，既能避免尴尬或不怀好意，又能避免失礼，引起不必要的麻烦。

　　一个刚入职场的新人，因为初生牛犊不怕虎，一来就得罪了很多人，这让他吃了不少苦头。后来，虽然他也意识到了不妥之处，但平时跟人聊天时还是有人故意刁难他。

　　在一次培训的时候，他因为早晨有事迟到了五分钟。这可不得了，一时成为了众矢之的。一个老员工带头难为他："哟，你可是从来不迟到的，今天培训怎么迟到了？莫不是对这次培训或是领导有意见？"

面对这么故意为难的问题，这个职场新人很生气，但也不敢跟老员工对着干，于是他灵机一动说："× 老师，您来得可真早，早就听别人说您是单位的楷模，以后我得跟您学习了。"看老员工还想发问，他又立刻打断他："听口音您是北京人吧？我外婆家也是北京的，有机会到北京请您吃饭。"

就这样，这个职场新人通过巧妙的转移话题，逃避了老员工的刁难，避免了尴尬，解除了危机。

当然，这并不表示我们对他人的刁难就一味忍让，只不过，交际中很多时候都不能"打开天窗说亮话"。我们可以通过暗示向对方传达自己的不满，言在此而意在彼。这是一种有效的缓冲方法，将对方扔出的"炸弹"威力降低，也可以给对方一个含蓄的警告或下马威。如此，对方才能意识到自己的问题并加以改正。

公司一位女同事结婚了，大清早地就在公司派发喜糖。大家恭喜祝福的话不断，气氛十分活跃。这时，一位男同事嬉笑着问一位 35 岁还未结婚的女同事："什么时候可以吃到你的喜糖呀？"大家都望向那位女同事。女同事的脸红了一下，迅速把脸转向旁边的一位女同事，指着她戴的耳环问："你这耳环设计很特别啊，很好看，在哪买的呀？我也想买。"于是两人就兴致勃勃地谈论起耳环这个话题来，那位男同事的问题就被抛下了。

大龄女子尚未结婚，对当事人本人来说，大多数都是有所芥蒂的。在大庭广众之下，被人问到这个问题，难免尴尬，要是做出了不好的回答，说不定还会引来大家的闲话。实例中的这位女同事没有就此问题作出回答，而是迅速地转移话题到同事的耳环上，这样就回避掉了让她尴尬的问题。提问的人见到这种情况，自然也意识到自己问了不该问的问题，大家也都明白。

可见，面对难以回答的问题，答非所问，绕道而行是帮助自己摆脱窘境的好方法。那些懂得避其锋芒绕道而行巧妙回答问题的人，总能在社交中如鱼得水，赢得"柳暗花明又一村"的新局面。我们也可以尽量巧妙地去使用这一方法，让尴尬在不知不觉中被化解。

而要想做到这一点，心胸一定要开阔。凡事太过认真，斤斤计较，不仅会让自己掉进别人设置好的陷阱，陷入尴尬之中，也会给人留下心胸狭隘的印象。遇到难题，学会轻松绕行，让难题不了了之，既不失礼，又保全了自己的面子。何乐不为呢？

阅后衷告

爱情中，冷暴力行不通

在爱情中，如果你希望用沉默、回避解决问题，大多是行不通的。因为有时候，爱人的埋怨、唠叨和挑剔并不是一定必须要一个结果，而是希望引起对方的重视，或者释放一下压力和郁闷的情绪。如果这时你选择默默反抗，失去沟通，就会为两人的关系埋下隐患。只有把自己的想法表达出来，才能有交流的机会，才有解决问题的机会。即便是出现争吵，甚至激烈争吵也没关系，要知道，冷暴力对感情的伤害远远比争吵要严重得多。

将计就计说"傻话"

有时，最高的智慧反而在于显得一无所知。

美国总统威尔逊小时候比较木讷，镇上很多人都喜欢和他开玩笑，或者戏弄他。一天，他的一个同学一手拿着一美元，一手拿着五美分，问小威尔逊会选择拿哪一个。

威尔逊回答："我要五美分。"

"哈哈，他放着一美元不要，却要五美分。"同伴们哈哈大笑，四处传说着这个笑话。

许多人不信小威尔逊竟有这么傻，纷纷拿着钱来试。然而屡试不爽，每次小威尔逊都回答："我要五美分。"整个学校都传遍了这个笑话，每天都有人用同样的方法愚弄他，然后笑呵呵地走开。

终于，他的老师有一天忍不住了，当面询问小威尔逊："难道你连一美元和五美分都分不清大小吗？"

"我当然知道。可是，我如果要了一美元的话，就没人愿意再来试了，我以后就连五美分也赚不到了。"

这大概是对"傻人有傻福"最生动的解释了吧。这里的傻，不是真的傻，而是一种傻瓜精神，是一种智慧的处世方法。

在生活中不少人就用这种"装疯卖傻"的方法把他人对自己的刁难处理得十分圆满。

一天，一个人有意刁难瑞士大教育家彼斯塔洛齐，向他提出一个问题："你能不能从襁褓中就看出，小孩长大以后会成为一个什么样的人？"彼斯塔洛齐回答得很干脆："这很简单。如果在襁褓中是个小姑娘，长大后一定是个女人；如果是个小男孩，长大后就会是个男子汉。"彼斯塔洛齐巧妙的回答既避开了别人的有意刁难，也让人听了不免会心一笑。

大凡立身处世，是最需要聪明和智慧的，但聪明与智慧有时候却是需要依赖"傻"才得以体现的。没听懂，并不是真不懂，而是在对方面前作出一个不明白的假象，假装没有发现对方的本意，故意把它理解错，从而很巧妙地给自己找个台阶下。

有时候，错误地解释别人的原意，还可以在无形之中给对方以有力的回击。

一次，一位男士请一位女士跳舞，那位小姐傲慢地说："我不能和一个小孩子一起跳舞。"这位先生灵机一动，微笑着说："对不起，亲爱的小姐，我不知你正怀着孩子。"说完他很有礼貌地鞠躬后离开了她。那位高傲的小姐在众目睽睽之下，无言以对，满脸绯红。

任谁遭到这样的拒绝，在交际场合都是一件非常难堪的事情，可是这位先生却十分聪明：他假装不明白那个高傲小姐说话的内涵，以为她有了孩子，还表示对她十分尊重，这是一个多么大的讽刺！这位先生不但保住了自己的尊严，反而使那位小姐丢了面子。试想，如果他直接与那位小姐辩理或争吵，不仅摆脱不了尴尬，还会有失他的风度。

不过，要想做到这一点实属不易，必须培养起自己对他人言语"入耳而不入心"的功夫，否则心中一起波澜，要不跳起来骂回一两句是很难的。

真正的大智大勇者未必要大肆张扬，给别人一种什么都不懂、傻乎乎的印象，这样别人就会放松警惕，就会不知其中的真相，被自己牵着鼻子走，这才是一种不可多得的处世方法。

阅后衷告

该傻的时候能装傻

首先，要学会理智处事，沉不住气时反复提醒自己要以理智的心态来控制自己的感情。

其次，要学会苦中求乐，善于在生活中寻找乐趣，多参加一些自己感兴趣的活动，把生活安排得丰富多彩，让自己活得有滋有味。

第三，要学会广交朋友，遇到挫折、失败之事，不妨找知心朋友谈谈心。

第四，要学会巧妙地应付各种复杂多变的环境，以保持心理平衡，维护身心健康。会随遇而安的人眼光远大、胸怀宽阔，把世间的一切变化都看得很平常、很坦然。

跟着别人一起取笑自己

　　生活中常会碰到一些人喜欢用直白刻薄的语言挖苦、讽刺人，这时若采取大动肝火的方式，必定造成不好下台的局面。最聪明的办法是：多些调侃，少些掩饰；多些自嘲，少些辩解。这样便很容易改变眼前的被动局面，争取主动。

　　很多时候，一些不足或缺陷，被他人当作笑料，与其躲躲闪闪、遮遮掩掩，还不如随着一起取笑自己，大方承认，既避免尴尬，又显露了坦然心胸，反而增添了一种光彩，取得良好的效果。

　　美国前总统克林顿有一次被记者围攻，记者问："总统，您对与莱温斯基小姐绯闻的报道作何评价？"克林顿从容不迫地答道："取笑我的话已经被世人说尽了，再也没人能说出新鲜的了。"这句话既尖锐又圆润，自嘲中带有反攻，一下子把球抛到了记者那里，话外音是："你们谁有本事说出点新花样来，我洗耳恭听。"果然，满场记者顿时语塞。

克林顿的回答堪称自黑法之典范。试想克林顿若表现出抵触情绪，或赤裸裸地拒绝回答记者的提问，必然招致媒体驳难四起，引发起一轮更猛烈的进攻，那样只会使自己处于更加被动的地位。

其实，历史上许多著名人物，都是自嘲、自黑的高手。例如，我们都知道，美国太空人登陆月球，是阿姆斯特朗和奥德伦两个人，可是最先踏出第一步，被歌颂为"一个人的一小步，整个人类的一大步"的，是阿姆斯特朗，不是奥德伦。返回地球的记者招待会上，就有人向奥德伦提出了这个尖锐的问题："你会不会觉得很遗憾，由阿姆斯特朗先下去？"

场面突然变得很尴尬，连阿姆斯特朗的表情都很不自然。而奥德伦居然脸色没变，只是轻松地笑笑："你们要知道，当我们回到地球，第一个爬出太空舱的可是我啊！"看看四周上百位记者，"我是由别的星球过来，而且踏上地球的第一个人啊！"全场的记者都笑了，并报以如雷般的掌声。

能嘲解自己，表明一个人的自尊感较好。良好的自尊则意味着，你不必强求自己完美无缺却能感觉很不错。当我们将嘲笑的范围扩大到自嘲和嘲笑我们自己所代表的一切，我们就能放得开，也能完全接受自己。

事实上，真正敢于取笑自己的人，都是具备智慧、优秀、谦虚品质的人。很难想象，一个自惭形秽或者心胸狭小的人，听到别人的取笑不会暴跳如雷，反而是自骂自嘲。敢于拿自己"开涮"，就等于敢于正视自身的缺陷、不足和失败，就敢于正视不利的环境和条件。这是内心强大者才敢做的事情。

阅后衷告

学会"重建"平息冲突

听到别人诋毁或污蔑你时，如果做不到跟着别人一起取笑自己，那至少也要做到切勿动怒。而平息怒气最好的方法不是发泄，而是"重建"，有意识地用建设性的态度对情况重新解释。重建的态度就是，站在对方的立场上，想一想对方是否情有可原。比如你在街上走，不小心碰了别人一下，你连声说"对不起"，他还不依不饶的，于是你特别生气想和他大吵一架，可是看他愁眉苦脸的，态度恶劣，心想他是不是和妻子吵架了，或是有什么倒霉事发生了，就不想和他较真了。

这样，你的心态就会改变，你的怒气也就会烟消云散。实际上，很多时候，假如我们了解了对方的真实处境，也确实会发现对方并没有我们想象得那么可气，甚至反而令我们同情。

把刺儿藏在棉花里

口才提醒

　　学会把你话中的刺儿藏在"棉花"中再说出去，叫人有
刺痛之感且不露痕迹。

　　在为人处世的过程中，难免会遇到一些令人感到不痛快的
人，出于各种原因，这些人总是用各种刻薄、嘲讽的言辞去攻
击别人，如果与其理论势必会演变成一场口角之争。

　　最明智的做法就是，把你话中的刺儿藏在"棉花"中再说
出去，使其外表柔和、内含刚健，叫人有刺痛之感且不露痕迹。

　　在英国首相丘吉尔脱离保守党，加入自由党时，有一次，
一位媚态十足的年轻妇人对他说："丘吉尔先生，你有两点我不
喜欢。"

　　"哪两点？"

　　"你执行的新政策和你嘴上的胡须。"

　　"哎呀，真的，夫人。"丘吉尔彬彬有礼地回答道，"请不要
在意，您没有机会接触到其中任何一点。"

　　在这里，丘吉尔便是巧妙地运用这种语言艺术来摆脱尴尬

场面的。尽管其外在形式是温和的，但这种温和之中蕴含着批判，使用了"绵里藏针"的技巧，让对方虽不免恼怒，却又不便发作，具有特殊的力量。

生活中，我们会遇到各种各样的人和事，摩擦在所难免。一旦被羞辱，勃然大怒只会引发更大的矛盾，与其让他人看了热闹，不如学学"绵里藏针"的技巧，既不委屈自己，又避开了争吵。

下面是几种应付羞辱的应答之法，可供各位参考：

"你父母怎样教养你的？"

谈话之中突然扯到父母，这是最令人冒火的事，但是你千万不要生气，因为他的目标也许就是惹你发火。你不妨就顺着他的话说："我是爷爷、奶奶带大的。"或者，你假装默想一会儿，再说："我记不得了，恐怕得麻烦你自己去请教他们。"也可以做肯定的答复回敬他："我只记得一点，那就是不可以问这样没有礼貌的问题。"

"你以为你是什么人？"

如果听到这样的话，你可以索性把他的话点明："依你看我要是某某人才够资格和你说话，是吗？"如果对方说"是"，这时，你可以反击一下问："那你自以为是什么人？"或者也可以把矛头转一下，指指旁边的人："我自以为是他，你再问问他自以为是谁？"当然，你也可以谦和一点，用开玩笑的方式："天气不好时，我自以为就是拿破仑。"或者"现在吗？我自以为是一个受害者。"

"你开玩笑！"

这话本来无伤大雅，但是说话人带有不屑的表情和讥嘲的口吻，就是有意要使你出丑了。这时，你可以这样说——"我是在开玩笑，可是你忘记听了之后应该笑啊！"表示你留意到他的态度。或者把这句话当做他的一项要求："好！你要听什么笑话？"又或者故意以为他在猜测："对！我正在开玩笑！"

当然，人与人相处，可能产生的摩擦何止千种万种，以上也只是就常见的情况举个例子，现实生活中，更复杂琐碎的情况就要我们自己去类推、发展和实践了。

阅后衷告

绵里藏针，话里藏话

一般来说，绵里藏针，话里藏话，总体上有两个基本功：

一个是我们上文提到的，要委婉含蓄地表达自己，话要说得很艺术，让听话之人心领神会，明白你话中的锋芒所在。

另一个则是能够听出对方的弦外之音，恶毒之意，如果不懂，便会成为他人的笑柄，白白赔了笑脸，落得尴尬收场。

"吉言"方可消弭怨气

笑语一句泯怨仇。

"吉言顺耳",爱听"吉言"几乎是人们共有的一种心理。因此,面对他人的抱怨,有时,只需几句吉言便可安抚。

有个理发师傅带了个徒弟。徒弟学艺三个月后,这天正式上岗。他给第一位顾客理完发,顾客照照镜子说:"头发留得太长。"徒弟不语。师傅在一旁笑着解释:"头发长使您显得含蓄,这叫藏而不露,很符合您的身份。"顾客听罢,高兴而去。

徒弟给第二位顾客理完发,顾客照照镜子说:"头发留得太短。"徒弟不语。师傅笑着解释:"头发短使您显得精神、朴实、厚道,让人感到亲切。"顾客听了,欣喜而去。

徒弟给第三位顾客理完发,顾客边交钱边嘟囔:"剪个头花这么长的时间。"徒弟无语。师傅马上笑着解释:"为'首脑'多花点时间很有必要。您没听说:进门苍头秀士,出门白面书生!"顾客听罢,大笑而去。

徒弟给第四位顾客理完发,顾客边付款边埋怨:"用的时间太短了,20分钟就完事了。"徒弟心中慌张,不知所措。师傅马上笑着抢答："如今，时间就是金钱，'顶上功夫'速战速决，为您赢得了时间，您何乐而不为？"顾客听了，欢笑告辞。

故事中的这位师傅，真是能说会道。以"动听"的话语，有针对性地择用其易于接受的话语来博得对方的欢喜，是师傅成功"解围"的首要诀窍。顾客的抱怨消释了，先前不快的心理得到"吉言"的"熨抚"，"欣喜而去"也就是很自然的了。

在日常生活中，如果发生了需要赔礼道歉的事，我们也可以针对人们爱听吉祥话的心理趋向，利用谐音或转义的方法，用喜庆、祝贺的言语委婉表述自己的过错，这样对方的心情就会立刻"阴转晴"，自然会原谅我们的过失。

例如，正月里，小伙子去衡阳探亲，人多车少，好不容易才等来一班车，他急忙挤上去。立脚未稳，车便启动了，小伙子整个身子无所依靠地后仰，脚紧跟着往后移，一下子便踩到售票员的脚趾上；接着车猛一加速，他又不可控制地向后趔趄，再次踩中了售票员的脚。这回售票员可有意见了："哎哎，你这个师傅怎么不站稳？一连两次踩到我脚上。我卖了两年车票，还从没有被人踩过。"小伙子听后，忙笑着赔礼连声说"对不起"，但售票员还嘀嘀咕咕，极不乐意。这时，小伙子灵机一动，又说道："是啊，您今年定发大财，接连中彩（"中踩"的谐音）了嘛！请客还来不及呢！"售票员一听，反嗔为喜，小伙子也从尴尬中解脱了出来。

吉利话确实能产生让人转怒为喜的魔力。不过，人人都喜欢听吉言，却不一定每个人都会说。用吉言消弭怨气的秘诀在于：

思维应辩证：辩证地看待问题，才能得体地"扬长避短"。

如第一个故事中的师傅正是针对各种不同的情况，采取"扬长避短"策略，用巧妙的语言去作解释，通过"扬长"，引领对方换个视角，对先前不满意的事来一番变位思考，让对方从一个新的角度去体会佳妙之处，从而高高兴兴地接受自己的观点。

语气要诙谐：幽默诙谐的语气才是调节现场气氛的润滑剂、缓冲剂。不管是陌生还是敌对状态，它都能以最敏捷的方式沟通感情，融洽气氛；以轻松的形式化解矛盾和尴尬。

语义需善良：说吉言的本意就是从善意的角度出发，以特定的话语去缓和紧张气氛、调节人际关系的一种语言行为。

阅后衷告

学些常用吉祥话

贺新年：大吉大利、心想事成、年年有余、招财进宝、满堂富贵、新昭如意、福星高照、开岁百福、事事顺心、添福增寿、万事如意、恭喜发财、岁岁平安。

贺新婚：百年好合、天作之合、白头偕老、佳偶天成、永结同心、永浴爱河、花好月圆、心心相印、比翼双飞、郎才女貌、相亲相爱、美满良缘、情投意合。

贺生子：男孩——弄璋之喜、天赐石麟、德门生辉、熊梦呈祥；女孩——弄瓦征祥、明珠入掌、女界增辉、缘凤新雏。

贺高寿：万寿无疆、返老还童、寿如南岳、千岁之桃、松鹤舞凤、美意富贵、麻姑酒满、天保九如、南山献颂、福海寿山。

贺升迁：英才得展、步步高升、青云直上、功绩卓著、鹏程万里、丰功伟绩。

贺开业：富国利民、多财善贾、大业千秋、才震四方、开业吉祥、大富启源、百世宏基、蒸蒸日上、欣欣向荣、鼎业维新、万商云集。

拐个弯，再怼回去

明知直截了当达不到目标时，绕一下，也能实现前进的目的。

尊重是互相的。如果有人故意挤兑你，你也无需软弱客气。只不过，还击的方式有千万种，拐个弯再怼回去，比恼羞成怒的回击要优雅得多，既不会影响自己的尊严，又避免了加剧矛盾冲突。

明末清初那个十六岁的少年英雄夏完淳，巧讽洪承畴就是采用了这种说话技巧，弄得对方啼笑皆非。

夏完淳战败被俘之后，清人准备招降他，就派降清的明朝重臣洪承畴到南京劝降。洪永畴降清之后，在南京总督军务，那时颇有几分春风得意之色，只是把夏完淳视作一个小孩而已。一见面，就以长者的口气开导道："小孩子家，懂得什么叫造反，不过是受那些叛敌之徒蒙骗。如果你肯听从我的规劝，我可以保证你前途无量！"

夏完淳已预料到此人必是洪承畴无疑，如按少年心气，真想把他痛骂一顿。但又一想，痛骂一顿固然解气，然而说不定还没等你骂完，早让人家掌嘴了。于是，眉头一皱，计上心来，一定要痛快地嘲弄一下这个大叛逆。说："人各有志，我虽年幼，这个志向还是不能改变。我一向很仰慕大明的洪承畴先生，决心做一个像他那样的英雄。你想，我怎么能投降你这样的满清爪牙呢？"

洪承畴听得这话，脑子里还没转过弯来，心里还蛮高兴哩！于是说："噢？你仰慕洪承畴？"

夏完淳作无限感慨状，说："是啊，洪先生是本朝的一代人杰，在关外与清兵血战，最后弹尽粮绝，不肯投降，为国捐躯。噩耗传来，天子为之垂泪，满朝文武无不痛哭流涕。这样的忠臣还不值得仰慕吗？"

此时的洪承畴时而面红耳赤，时而不知所措，呆如木鸡。惊坏了旁边的随从，那帮督府幕僚还当夏完淳真不认识洪承畴，赶紧悄声对夏完淳说："小子休得胡言，上座正是洪大人！"

夏完淳抓住时机，立即声色俱厉地指着洪承畴骂道："胡说，洪先生早已为国捐躯，天下谁人不知。你这贼子、叛道竟然胆敢来冒充洪先生，玷污洪先生一世英名。像你们这样的民族败类，朝廷的叛逆，投降清廷，认贼作父，天下人人得而诛之，还冒充洪先生，洪先生在天之灵也不会饶过你。"

夏完淳这段隐晦的幽默巧讽，在曲折迂回中抓住进击的机会，令洪承畴啼笑皆非，无地自容。相比较而言，虽然比正面攻击费事多一些，但嘲弄时对方却不好反驳。

在许多场合中，老练而有素养的人经常会选择用这样一种委婉含蓄的语言来为自己发声，既不委屈自己，又会使实质内容的尖锐所造成的紧张情势得到缓和。

例如，一对正在相亲的男女，女士问："你有奔驰吗？"男士摇摇头："没有。""你有洋房吗？""也没有。"女士讪笑道："那么，看来我们也没有缘分了！"此时，男士无可奈何地起身，自言自语道："难道非要让我把法拉利换成奔驰，再把四百平的别墅换成洋房吗？"

开始时，这位男士只是顺着女士的问话答下去，待女士表明立场，再来个回旋一击。貌似不经意，实则是对她势利心的讥讽。相信这位女士再听完男士的自言自语之后，一定会脸红难堪。如果这位男士直斥她嫌贫爱富，那一定会引发一场难看且激烈的争吵。所以，我们一定要学会这种"拐着弯骂人"的技巧。

而想要学会这一招，我们首先要有一定的气度，能够在羞辱面前保持淡定，做到"猝然临之而不惊，无故加之而不怒"。这样，对方就会放松警惕，觉得自己已经掌控了大局，在博弈中占了上风。这时候，你再用出人意料的方式，打对方一个措手不及，才能让其自取其辱。

阅后衷告

远离不喜欢你的人

不喜欢你的人，不可能成为你的良师益友，也不可能成为你称心如意的情人，更不要指望会成为可以与你相知相伴，走到生命尽头的伴侣，他们只会令你自卑和烦恼。因此，与其花心思想着如何讨好他或与他战斗，还不如多认识一些有正能量的人，让我们的生活充满阳光。

Part 8

身陷僵局莫尴尬，剑走偏锋有秘法

在日常生活中，人们常常因固执己见而争论不休，或者因为一句不适当的话而冷场，又或者因不得不拒绝他人的请求而形成难堪情境，等等，各种原因都会造成僵持的局面，难以缓和的气氛横亘在交流双方之间，整个场面就如同冰山一般冷掉了。

这时，不管是作为当事人还是局外人，我们都应该学会利用突发事件与语言之间的玄妙之处进行机智的解答，打破僵局，化解尴尬的气氛，使交流得以正常地进行下去。

无厘头的回应是体面的拒绝

　　所有的玩笑里，大都藏着认真的话，而那些看似无厘头的回应，大概就是再体面不过的拒绝。

　　很多时候，别人并不是因为我们拒绝了他们的要求不高兴，而是他们觉得自己的面子受到了损害，心中产生了不满情绪，感觉有些"下不来台"。这就要求我们在拒绝别人的同时注意保全对方的面子，如果能让对方体面地接受我们的拒绝，那么结果可能就会大不相同。

　　著名心理学家弗洛伊德觉得，假如以幽默的方式与人亲近或拒绝别人，就会很容易被对方接受。

　　陈毅同志在外交界素以坦率著称。有一次，一位西方记者在招待会上突然问陈毅："中国最近打下了美制 V-2 型高空侦察机，请问用什么武器？是导弹吗？"

　　遇到这样涉及机密的提问，虽然也可以严正地拒绝回答——"本人无可奉告"，但是陈毅却没有用这种方式，他举起手在空中做了一个动作，告诉记者说："我们用竹竿把它捅下来的呀！”结果一阵哄堂大笑，记者们在笑声中被折服了。

陈毅同志用一个玩笑来拒绝，既没有驳了记者的面子，同时也暗示了拒绝回答的意思，气氛反而更加轻松、友好。

英国首相丘吉尔也是运用这种方法的高手。在丘吉尔即将退位的时候，英国国会为了纪念他在保卫英伦三岛做出的卓越功勋，拟通过一项提案，就是在公园塑造丘吉尔铜像，以便让世人景仰。

丘吉尔听说后，认为没有必要，但对方的提案是为了彰显他的功绩，如果直接拒绝，岂不是拂人好意？于是他用这样一句玩笑话委婉地暗示了拒绝——“多谢大家的好意——我怕鸟儿喜欢在我的铜像上拉屎，还是免了吧。”

这一幽默的委婉推辞，同时也使大家感到他心真意诚，于是国会尊重了他个人的意愿，撤消了提案。

这种开玩笑的拒绝方式是被社会普遍认同的，它可以让人把压抑在内心深处的情感和思想释放出去。你可以在轻松愉快的交谈中表明自己拒绝的意思，被拒绝的人也可以很舒服地接受。这样双方都会在轻松舒适的氛围中很快淡忘这件事情。

不要怕对方听不懂你无厘头的玩笑话，其实当你故意不往正题上说，别人听了，就会明白你是在拒绝，在一笑之中心领神会，就不会再问、再说了。例如，有一位“妻管严”，被老婆大人命令周末大扫除。正好几个同事约他去打打球，他只好说：“我真的很想去和你们较量，但是结婚以后，周末就经常被没收了啊！”同事们哈哈大笑，也就不再勉强他了。

只不过，幽默不是天赋，这就需要我们在后天培养自己的幽默感，并试着把它恰当地运用到生活中。尤其是在拒绝他人这一类破坏人际关系的特殊时刻，你若能带着幽默感，就能够使别人在被拒绝中，一样感觉到你是善意、婉转而真诚的，当然，也能愉快地感受到你的原则。

阅后衷告

幽默这事急不得

学会使用幽默的语言是有过程的。我们可以将这过程比喻成建一栋高楼，若没有几米深的地基，就不会有高楼的拔地而起，不盖第一层和第二层楼，就不会有最高层。这是一个需要不断沉淀造势的过程。成功的光芒只有在盖完最后一层时才可以显现出来，才能"一句中的"天下乐，让幽默取得良好效果。

说"糊涂话"巧妙拒绝对方

敢于说"不",诚然不易,而善于说"不",才更加难得。

说"好的"容易,说"不"则难得多,尤其是直截了当地说"不",则会使提出请求者感到失望和尴尬。但正由于此,拒绝才更有理由成为语言的艺术,技术的难题。

其实,这个世界不是黑白的,在黑白之外还有一个灰色的模糊地带,"装糊涂"也许正是"好"与"不"之外的模糊地带,是换一种方式,模糊处理生活中的某些事。

不过,在很多场合,很多人不懂也不肯装糊涂,他们能够拍着胸膛理直气壮地叫嚷:"我眼里不揉沙子。"不肯放过每一个可以显示自己聪明的机会,张口就是应该怎样怎样,不应该怎样怎样,遇事总是喜欢先用一种标准来判断一下对与错。但结果呢?自然总是出力不讨好,而这就是因为不懂得难得糊涂的道理。

实际上,这里的"糊涂",并不是真糊涂,而是假糊涂,嘴里说的是"糊涂话",脸上反应的是"糊涂的表情",做的却是

"明白事"。因此，这种"糊涂"是人类的一种高级智慧，是精明的另一种特殊表现形式，是适应复杂社会、复杂情景的一种高级的、巧妙的方式。

例如，曾有位女士对林肯说："总统先生，你必须给我一张授衔令，委任我儿子为上校。"林肯看了她一下，并没有回答。女士继续说："我提出这一要求并不是在求你开恩，而是我有权力这样做。因为我祖父在列克星敦打过仗，我叔父是布拉斯堡战役中唯一没有逃跑的士兵，我父亲在新奥尔良作过战，我丈夫战死在蒙特雷。"林肯仔细听过后说："夫人，我想你一家为报效国家，已经做得够多了，现在就是把这样的机会让给别人的时候了。"

这位女士本意是恳求林肯看在其家人功劳的分上，为其儿子授衔。林肯当然明白对方的意思，但是他采用装糊涂的方法拒绝了对方的请求。

在生活中，人们经常会遇到一时会难于处理、难于解决的矛盾和冲突，也可以借助于"故意的糊涂"，有意识地拖延时间，缓和矛盾、化解冲突，以便利用最佳时机解决问题。比如，对一个你并不喜欢的追求者，接踵而至的情书，一定让你感到难以招架。如果你不愿明说，就可以装装糊涂。你可以把所有的求爱信打印出来，然后连同底稿交给了当事人，同时微笑着对他说："你让我打印的材料，我帮忙全部都打好了，现在交给你。不过，以后我就没有工夫再帮忙打印喽。"相信他一定会明白你拒绝的意思。

这种装糊涂的拒绝方式，既不会伤害对方，也可以达到拒绝的目的。这种"糊涂"实际上就是"明者远见于未萌，智者避危于无形"，是一种少有的谨慎，可以有更多的时间去专注于某项重要的工作，是一种为以后取得胜利的策略。

阅后衷告

先认真听对方把话说完

其实当他人向你提出要求时，他们心中通常也会有某些困扰或担忧，担心你会不会马上拒绝，担心你会不会给他脸色看。

因此，在你决定拒绝之前，首先要考虑对方的自尊心，一定要先认真听对方把请求说完。倾听能够让对方有被尊重的感觉，这样你在说"不"的时候，不会让对方觉得你在应付，也能避免使用能"惹恼"他的话。

在拒绝之前倾听还有一个好处。或许听了他的陈述，你能够针对他的情况，建议他如何取得适当的支持。要是能够提出有效的建议或替代方案，对方或许会在你的指引下事半功倍，你自然也会成为感激的对象。如果你指点的途径依然是"此路不通"，相信对方也不会责怪你的，毕竟你是在尽力帮他出谋划策。

用善意的谎言做挡箭牌

一般来说，拒绝对方时，显而易见的客观条件，如工作忙碌、能力有限、身体状况欠佳等理由，以及明确的价值观评判，如道德底线等理由，是可以明确告知对方的。例如："我要把明天的会议报告赶出来，没时间帮你。""我对这件事情一窍不通，帮不上你的忙。"这样的理由诚恳、真实，足以让请托者放弃对你继续抱着期望，也不至引起双方的尴尬。

但如果是一些主观的因素，例如：对于美丑的评判，或毫无原因就是不想帮忙等理由，如果直接说出来，那场面一定是难堪至极了。例如：某女孩拒绝一个男孩的追求，原因是男孩的长相实在太抱歉了，令她无法接受。如果对方对简单的拒绝不死心，问及原因，女孩难道要把真实的想法一五一十地说出来吗？当然不行！

这时，就需要一个"善意的谎言"来充当"挡箭牌"了。而且，这个"善意的谎言"，最好能遵守下面两个原则，这样才能让它们看起来更像"理由"，更能让对方信服。

从客观角度或个人价值观入手

出于客观或个人价值观的理由更能够让人接受，因为对于该条件，双方都看得很清楚，对方自然可以表示理解。

有一个销售员，在一家公司工作了三年，由于他勤于思考肯于钻研，已经成为公司最优秀的销售人员。恰逢劳动合同即将到期，另外一家公司的销售部门也想高薪挖他过去。经过几轮面试的接触之后，双方都很满意，于是这个销售员决定拒绝续签合同。然而，这话应该怎么来说却让他感到很苦恼。思考了几天后，他针对自己领导喜欢追求完美的个性，想好了应对的方法。这天，他找到领导，非常明确地表示，希望不续签合同，给自己一段时间去学习充电。并且，说这些话的时候，他用真诚热切的眼神看看领导。

这是领导最能接受的借口，与办公室政治无关，与发展空间无关，与薪水无关，与他的领导魅力也无关。经过几个回合的推托，如这个销售员所料，双方皆大欢喜。

领导如何分辨他的借口是真是假并不是问题的关键，重要的是这个销售员了解上司，知道应该给他怎样的"理由"他会觉得比较轻松，比较不失颜面。

选择一个具体一点的借口

英国心理学家萨盖有一个著名的"钟表定律"——当我们拥有一只手表的时候，可以很容易地知道确定的时间；但是当我们拥有多只手表的时候，这种确定性便随之降低。手表越多，越不敢确定当前的时间。这一定律揭示了一个事实：观点越多，越不知道真理在哪里。也就是说，当你说出一个借口时，已经足以说服对方放弃努力；但如果你为了增强说服力而增加借口，反而会令人感觉你是心虚、做作，从而丧失前面所说的借口的作用。

但同时也就对这一个借口提出了更高的要求。通常我们最常用、也最有说服力的借口就是自己工作繁忙、没空。不过由于这种借口用得过于泛滥，所以无论是真是假，都会给人"找借口"的感觉。要想增加真实感，你就要选择比较具体一点的借口，例如："我后天要去南部出差，不能陪你去。"或"我明天约了×××谈生意，然后要带他去施工现场看看，大概要到晚上才能回来……"借口具体一点，就会让人相信真有其事，说服力自然也比简单的"我很忙"要强得多。

当然，通过善意谎言获得的效用和好处，终究还是要以牺牲诚信为代价的。一些对说谎现象颇有研究的心理学家建议，任何人如果想对朋友、亲人、同事说些"善意的谎话"之前，最好还是能好好考虑一个涉及心理反应的问题，即对方如果知道了真相后会感谢你的好意，还是会觉得对你的长期信任被你伤害了。

阅后衷告

善意的谎言最好只在某些特定情况下才用

善意的谎言也是谎言，也是违背诚信的行为，因此不到不得已，还是少用为妙。一般来说，这些时候是适合讲善意的谎言的：

当你觉得事情很糟糕，但家人的情况却不适合知道事实的时候，你可以选择隐瞒或部分隐瞒；当他人显然因某件事陷入痛苦，你可以淡化事情的影响，让他想想好的可能，即使你自己知道完全没可能；当他人对即将到来的灾难产生预感，你可以一方面安慰他没有那么糟，另一方面给他分析即使事情发生，也有多种应对方法，让他不那么恐慌……对那些无能为力的事，你说一句善意的谎言，并不能帮他人解决问题，但却让他人暂时放松了心态，冷静下来开始思考。不论如何，你的谎言都给了他人一个渡过困难的机会。

聪慧之人，善"话"假于物

口才提醒

君子生非异也，善假于物也。

一次，央视的《欢乐中国行·魅力兴化》大型文艺演出活动开始时，天公不作美，下起雨来，但是热情的观众却穿着雨衣冒雨等待节目开始。主持人董卿带着一贯的自信，微笑着从后台走向舞台。由于下了雨，舞台很滑，董卿刚走几步，一不留意，脚步一错，被滑个大跟头，事出突然，连观众都惊呆了。

董卿在工作人员的搀扶下艰难地从地上站了起来，从脸上的痛苦之色可以猜到这一跤摔得不轻。面对台下近两万的观众的目光，董卿很快调整了情绪，笑意浮现在脸上，接着开口说道："亲爱的观众朋友们，这是我担任主持工作十五年来第一次碰到的尴尬场面，不过这一跤让我永远记住了热情的兴化观众，今晚，你们给了我们以自信和坚强……"

董卿的即兴发挥，还有深情的表述，不但让刚才因意外引发的尴尬顷刻间消失殆尽，而且还一下子拉近了节目组和观众的心理距离，可以看出董卿的口才功夫和见机行事的能力是超人一等的。

董卿机智的临场发挥主要借助了台下冒雨观看表演的观众，才成功摆脱窘境。如果没有这些热情的观众的"配合"，这次尴尬还真不好摆脱呢。

"君子生非异也，善假于物也。"这是荀子在其《劝学》中的句子——"君子的本性和其他人并没有什么不同，只不过是善于利用和借助客观条件罢了。"在交际中，这句话同样有效。因为有时我们也可以借身旁之物摆脱困境，让左右为难的自己找到台阶下。

例如，有人在你的办公桌前滔滔不绝地讲话，而你却不能耽搁太多的时间。如果喋喋不休的人是下属或是朋友那还好办，可他偏偏又是你得罪不起的人物，此时你该怎么办呢？

你可以偷偷发个消息给同事："到隔壁的办公室打个电话给我。"用不了几分钟，电话响了。你可以大声说："什么，马上去？可我这儿有位很重要的客人啊！什么？不去不行？那……好吧。"一般来说，那滔滔不绝的来客一定会示意你，赶快去。这时，你就可以顺势表示歉意，送走来客且不会伤他的自尊。

在这里，我们用到的道具就是电话，这样的方式无疑是最佳的解决办法。

再比如，你收到邀请却并不想去，直接拒绝又恐怕伤了对方的心，这时，借物脱困就是很不错的妙招。看看下面这位女士的做法：

有位男士走到一位女士面前，说了一句："欢迎你参加！"然后就把一张入场券递给了她。这位女士想拒绝他，又要让他下得了台阶。便从皮包里拿出笔记本，打开边看边说："哎呀！我和小王、小张约好今天去购物了。你只有和别人同去了，不过还是很谢谢你。"

这里，这位女士用到的道具就是笔记本，其实，她也许什么都没有看到，但却可以给人以错觉地认为上面记着她的时间安排，婉言拒绝了对方，达到了自己的交际目的。

另外，我们还可以用桌子来加强拒绝力。例如有个业务员在谈到自己的经历时，这样说道："我曾到一个公司推销商品，到经办人的桌子面前，我感觉很不舒服。不知道为什么，坐在那里就会有一种不愉快的感觉，想说的话也说不出来了。那张桌子隔着我们，感觉彼此离得很远，这不利于我们进一步的沟通。于是我知道这家伙显然不想和我沟通，虽然他一副和蔼的样子，看上去似乎很欢迎我，事实上最后我们没有达成协议。"

为什么会发生这样的事情呢？因为桌子是人的自我延伸，它会让对面的人心中自然形成一道看不见的墙，隔开彼此之间的距离。此时他会觉得你与他其实很远，你们根本没有想象中那么亲近。这种距离上的疏远，就可以帮助我们传达自己的拒绝之意。这样看来，想说"不"时，桌子就可当有效的武器使用。如果你面前的桌子不够大，造成的距离不够，你可以在桌子上放一些东西，以增加间隔物的方式，在两人间筑起一道高高的墙。通过身边的一些小道具，也可以做一些间隔动作，比如将香烟盒子、打火机、袖珍型书本、口香糖、小钱包、钥匙包等小物品，放在两个人中间，这会形成一种间隔感。

阅后衷告

用身体语言加强拒绝之意

其实，要想拒绝他人，有时可以不必明确说出来，用身体的动作也可以。除了最常见的摇头外，可以表达拒绝意思的身体语言还有很多。例如：

避开视线：躲避对方的眼神，这看起来似乎是一种不好意思的习惯性动作。而事实上，它更多表明的是一种拒绝的态度。对方从你躲避的眼神中，就可以看出你的态度。

身体做出防卫动作：比如，双手交叉放在胸前，这种姿势似乎在全世界都是表示防卫。再比如正襟危坐，挺直腰身，这也会帮助你增加拒绝的气势。另外，倾斜身体，侧身对着对方也可以加强拒绝的气势。

紧张与放松姿态交替：根据美国的精神医学者阿尔巴德·谢弗林博士的研究获知，当一个人把放松的态度和认真的态度交替重复时，会使对方无从理解你的肢体语言，以致失去说服你的线索。

将攻击的"矛头"转向他处

对于一般性思维来说是破坏性的东西，对于幽默来说则可能是建设性的。

聊天时，相谈甚欢无疑是最理想的局面，但有时说着说着就会进入一个对自己很不利的尴尬局面，这时，就需要我们巧妙地将这一话题转移。不过，巧换话题重在"巧"字。假如用生硬的话说："你们说这些真无聊，还不如谈谈……"那么这个人就不是一个会说话的人，而且这句话一出口，相信局面将更加难看。

让我们看看美国前总统林肯先生是如何巧妙地转移尴尬话题的。

林肯在竞选国会议员的时候，遭遇了一个强硬的对手——卡特莱特牧师，为了扭转自己的劣势，卡特莱特牧师散布了很多不利于林肯的言论，并试图让林肯在公众场合出丑。有一次，卡特莱特在教堂传教，林肯也坐在教堂里。卡特莱特说道："愿意和主同在的人，请站起来吧！"除了林肯之外，其他人全都站起来了。在布道进行到一半的时候，卡特莱特又再次号召大家："不愿入地狱的人，请站起来吧！"那些人又站了起来，还是除了林肯。

卡特莱特得意而嘲讽地说："大家都希望能够到天堂里去，不愿与魔鬼为伍，只有林肯先生和我们不同。请问林肯先生，你是想到地狱里去吗？"

林肯听了卡特莱特牧师的话，立刻站起来说道："不，我要到国会去……"紧跟着，林肯便开始在教堂里大声宣讲自己的政治主张，听者无不纷纷喝彩。林肯成功地将一个尴尬的话题转移到了竞选上，为自己赢得了选民的信赖和好感。

在这个实例中，林肯偷换概念将听众从幻想的世界巧妙地带入现实世界，这一招非常高明。

偷换概念，其实就是在概念上玩弄游戏，即将一些看起来似乎一样的概念进行偷换，实际上改变了概念的修饰语、适用范围、所指对象等具体内涵，这是诡辩者惯用的手段。

现实生活中，我们也可以将这种偷换概念的方法广为使用。那么，如何将概念的含义进行偷换呢？

一是可以利用概念的多种含义，由一种含义突然向另一种含义转移。比如，别人让你就他的看法发表一番"真知灼见"时，你可以说："真知灼见我倒有一个，不过不是关于你所说的那一方面，那方面你已说得尽善尽美了，我可补充不了，我想说的是……"话题就此转移了。

二是运用语义双关，因为同一个概念包含一明一暗两层意思。例如：某学生因犯错被罚写检讨，事后故意刁难老师："我的这些检讨书中，哪一张写得最好？"老师轻描淡写地说道：
"最后一张。"这里，老师把"文字好"偷换成了"效果好"，
从而使"最后一张"包含了两层意思：明里好像是指"这些"
中的最后一张，而实际是指变好之前所写的最后一张检讨。既
破了局，又用双关语对学生提出了迅速改正错误，不再重犯的
希望。

阅后衷告

交谈中，找准对方的核心概念

　　一般而言，我们在话语中所使用的概念都有一个确定的意思，
这个意思在上下文中是可以意会的，因而是不必用语言来明确规
定的。而要想应用概念偷换的方式，你首先就要找准对方跟你说
话时所使用的这个含义不言而喻的概念，之后再悄无声息中将它
偷换掉就好了。比如，甲问：你说踢足球和打冰球比较，哪个门难
守？乙说：我说什么也没有后门难守。这段对话中，甲说的核心概
念是"门"，乙在领悟了甲的意思后，故意把这个有形的球"门"
偷换为无形的、性质完全不同的抽象的后"门"。同样都是"门"
概念，却完全不同了。

反弹琵琶，制造幽默效果

必要时，把说话的角度调转180度，可以起到出乎意料的效果。

敦煌壁画上有一幅"反弹琵琶"的仕女图。画中仕女，在弹奏琵琶时一改常态，不是"犹抱琵琶半掩面"地正面去弹，而是将琵琶放在身后，反手去弹。我们很难知道，当初是否真的有个善歌善舞且才华非凡的朗姬作为模特，还是画工们离奇的想象和杰出的创造，但不可否认，反弹琵琶是敦煌艺术中最优美的舞姿。

事实上，在语言艺术中，也有一种"反弹琵琶"之美。简单来说，"反弹琵琶"就是把原本要表达"是"的意思，故意用"否"的形式说出来，也就是用相反的词语表达本意。这其实也是一种幽默的语言技巧，目的是使反语和本意之间形成交叉，使听者从字面的含义领悟到相反的本意，从而发出会心的一笑。

这一说话技巧尤其适用于一些难以说出口或不便直言的话

题。将这类话题从相反的角度加以正话反说，把话说得圆滑一些，使语意软化，含蓄地表达出自己的见解，转而烘托你本来要直说的意思，既可以化解彼此的尴尬，又便于听者接受，运用得当，不乏幽默诙谐。

孩子在父母的朋友面前弹奏了几段很蹩脚的钢琴曲，听得客人皱眉不已，但母亲浑然不觉，兴高采烈地向客人们炫耀说："我的儿子在音乐领域简直是个神童，他才学了一年钢琴，弹得不错吧？"

有位客人说："是的，他弹得太好了。真应该让他到贝多芬面前演奏一番。"客人不好直言说弹得难听，于是反弹琵琶，反而夸奖他弹得好，应该到贝多芬面前演奏，实际上是说贝多芬耳聪，当然听不到如此难听的弹奏了。如此婉言表达内心深意，含蓄而幽默。

还有一个类似的例子。

一位导演问观看他作品的观众："你们对我拍的影片有什么看法？"观众说："很好呀！大家都说您拍的电影总是说出观众所想，与观众的欣赏水准非常一致。"导演问："那么为什么影片没放完，人就走得差不多了呢？"观众说："因为影片怎样结尾，观众早就料到了，这简直是导演和观众心有灵犀一点通。"观众的话就是反弹琵琶的典型，表面上句句夸奖导演，实则是婉言贬低，而其言语风趣之处，让人忍俊不禁。

其实，除了这一类话题，当你需要表达内心的不满或批评时，也可以使用反弹琵琶的幽默技巧。用委婉而含蓄的话表达你真实的意思，让听者自己去领悟其语言的内在含义，反而更容易被听者所接受。

在一家饭店，一位顾客吃饭时吃到饭里面有沙子，不得不把它们吐在桌子上，服务员看到后走过来，抱歉地说："净是沙子吧？"顾客摇摇头，微笑着说："不，也有米饭。"这种反弹琵琶的表达方式，不仅消除了服务员的尴尬和不安心理，反而会令服务员觉得更应该提高服务质量。

阅后衷告

反弹琵琶也可以表达赞扬

通常，对他人赞美时，我们大多采用正面、肯定的语言，但有时难免会让人有肉麻的感觉。其实，赞美的话也可以反着说，这样更能使语言的表述更加幽默风趣，寓意深长。例如，小提琴家海菲兹在伦敦首演后，爱尔兰剧作家萧伯纳走到后台，对这位年轻的小提琴家说："这个世界上没有十全十美的事物，否则就会招致诸神的嫉妒。我想建议您：每晚临睡之前，至少要奏出一个不准的音符。"萧伯纳的本意是对这位年轻小提琴家的极度称赞，却反弹琵琶，用反面的话表现出来，这更能给人以长久的回味。而其话语中蕴含的风趣诙谐，则让听者会心而笑。

情绪对立，设法消除敌意

友好的人际关系自然是我们所向往的，但是，有时候，人与人之间也会表现出一种戒备和敌对情绪。它可能是一种客观情景：当感觉自己受到他人轻视、指责和伤害时，有敌对心态的人常常表现为怒目相对、冷漠仇视。不管这种"轻视""指责""伤害"是出于善意还是恶意，是确实存在，还是自己主观上的错觉，反正对一切于己"不利"言谈举止的他人都充满敌意。也可能只是主观情景：凡自己主观上看不顺眼、不满、厌恶的人，常常表现为对他们冷眼相对、动辄非难。尽管他们没有触犯自己，但只要这种偏见诱发出敌视情感，就会随时随地在表情和行为上表现出这种敌对心态。

但无论敌对心理是由以上哪种情况引起的，两个人之间必然会常常因说不到一块而陷入僵局。要想打破这个僵局怪圈，就必须先消除二人之间的敌意。

我们都知道，兴趣与人的情感联系十分密切。当人们对某种事物感兴趣时，总感到称心如意，伴随着愉快情感。因此，从与己不和者感兴趣的事情说起，不仅能消除他们的敌意，而且能实现感情交流，甚至会出现"酒逢知己千杯少"的局面。

对于这一点，有许多事例可以证明。

某连指导员因多次批评城市入伍的战士小刘不守纪律，致使小刘和指导员产生很大的对立情绪。指导员虽然三番五次找他谈话，都因说不到一块而陷入僵局。

后来，指导员通过认真观察，发现小刘对绘画很感兴趣。一天，正当小刘欣赏齐白石的作品时，指导员来到他身边说："小刘，你看的是齐白石的作品吧！"小刘一见是指导员，以为又是来教训自己的，便冷冷地说："怎么欣赏齐老的名作也犯纪律？"指导员回答说："不，齐老的画栩栩如生，很有美感，不仅在国内数一数二，就是在世界上也很有名气，值得一看！""怎么你也懂绘画？"小刘的口气立刻温和了起来。"懂还谈不上，不过略有所知罢了。"指导员进一步同他热乎起来。就这样，两人从达·芬奇、米勒，一直谈到徐悲鸿、陆一飞，越谈越起劲，愈说愈密切。最后，虽然指导员没有再提小刘不守纪律的事，他却主动检讨了自己的过错。

这个事例生动地说明：兴趣相投，爱好一致，能融化感情上的"坚冰"，打破双方谈话的僵局。因此，无论你们之间是否有这种"默契"，你都要重视对方的兴趣，这也许就是你突破僵局的关键点。

当然，我们讲的兴趣爱好，是指积极良好的兴趣爱好，而对那些不良的兴趣爱好，我们决不能去迎合。

阅后衷告

和对方建立交谈兴趣

想与对方的兴趣爱好建立一种特殊关系，单单说一句很感兴趣的话是不够的，你必须花时间研究对方的兴趣。专家给出了和他人建立交谈兴趣的三个步骤：第一，找出别人感到特殊兴趣的事物；第二，对于那感兴趣的题目应预先获得若干知识；第三，对他表示出你对那件事物真的感兴趣。

对峙时，讲理不如讲"面"

对峙时，讲理不如讲"面"。

人际交往中，需要我们灵活应变地打圆场的事往往很多。因为即使是作为争论的局外人，夹在中间的滋味也是比较尴尬的。

不过，要想为他人的争吵打好圆场也是不容易的。如果弄不好，不仅不能息事宁人，还可能火上浇油，扩大事态，那还不如不说了。比如下文这个小伙计，反而让自己裹入了"战团"。

一位中年男子在一家小吃店要了一份面。面很快端上来了，由于天气很冷，他就想先尝一口汤。可是，也许是喝得太急或是汤的味道刺激了他的呼吸道，随着"阿嚏"一声，他的体液和着面汤同时喷到了对面一位顾客的身上和面碗里。

这位顾客勃然大怒，他"呼"地一下站了起来吼道："你没长眼睛啊，怎么乱打喷嚏！"中年男子也被自己的不雅之举惊呆了，待缓过神来后，马上赔礼。但一句对不起显然还不能彻底解决这件事，男子转头对着伙计喊了起来："我告诉你不要放辣椒的，你干吗在里边放辣椒？你赔我的面钱，我要赔人家的面钱！"

伙计觉得也很委屈，马上争辩道："面里明明没有放辣椒啊！"这下，局面彻底失控了，顾客、伙计及周围的群众都开始七嘴八舌，说得不亦乐乎。

老板听到动静，赶紧跑出来打圆场："各位抱歉，是本小店服务不周。"接着，对着厨房大手一挥："算啦！再下两碗面，钞票都免啦。只要大家和气，才能生财嘛！"

店里这才平静下来，两位当事人也不好意思再发作，都表示了接受。而经历过这次事件之后，小店的生意不但没有萧条，反而好像比之前还更火爆了呢。

很多时候，尤其是当双方都处于尴尬境地时，讲理不如讲"面"，第三方若能在此时背一背"黑锅"，闷着头承担了"罪名"，双方自然就都有面子了，便能将凝滞的气氛变得轻松。

其实，不仅是做和事佬时需要这种"和稀泥"的说话技巧，当我们自己作为当事人时也可以运用这一技巧。尤其是在家庭中，如果说男人是泥的话，女人就是水，所以男女的结合就是在"和稀泥"。

婚姻说得通俗直白点的话，就是两个人搭在一起过日子，不必什么事情都那么计较、那么在意。在这个大千世界里，假如即使是自己深爱的人，你的眼睛里都"容不得沙子"，那样不仅会弄得对方很累，自己也会很累，只能是对两个人的惩罚。正如英国婚姻问题专家塞缪尔·约翰生博士所说："如果哪一对夫妇试图用理性的推理来处理日常生活的每一件细小的事情，他们将是所有可怜虫中最可怜的一对。"

阅后衷告

"和稀泥"讲技巧

1. 支离拆分：如果双方火气太旺时，可以借故把其中的一人支开，等他们消了气，冷静下来了，争端也就趋于平息了。

2. 以情致胜：如果可以用情分来打动他们，使他们主动退却，就最好不过了。比如"你们都是我的好朋友，你们俩这样让我怎么办，好了，都别说了"。一般来说，双方都会领会，顺梯而下。

3. 欺骗蒙骗：太真了，反而误事，碰到这种情况，第三者就随机应变，以假掩真，然后顺水推舟，变难堪的场合为活跃的场面。

有分歧时，做"和事佬"打圆场

　　打麻将不能双赢，劝架却可以。如果你能巧妙地将双方的分歧点分解为事物的两个方面，让分歧在各自的方面都显得正确，这必定是一个上乘之法。

　　清朝末年，陈树屏做江夏知县。当时张之洞在湖北做督抚，张之洞与抚军谭继询关系不和，但陈树屏常能巧妙处理，两头不得罪。

　　有一天，陈树屏在黄鹤楼宴请张、谭二人及其他官员。座客里有人谈到江面宽窄问题。谭继询说是五里三分，张之洞却故意说是七里三分，双方争持不下，谁也不肯丢自己的面子，宴席上的气氛顿时紧张起来。

　　陈树屏知道他们是借题发挥，对两个人这样闹很不满，也很看不起，但是又怕扫了众人兴。他灵机一动，从容不迫地拱拱手，言词谦虚地说："江面水涨就宽到七里三分，而落潮时便是五里三分。张督抚是指涨潮而言，而抚军大人是指落潮而言。两位大人都没有说错，这有何可怀疑的呢？"

张之洞和谭继询本来就是信口胡说，接下来由于争辩下不了台阶，听了陈树屏的这个有趣的圆场，自然无话可说了。

众人一起拍掌大笑，争论便不了了之。

陈树屏这种迎合双边心理的卖乖关键在于主动操纵人心，善于抓住双方的心理巧妙圆场，两头落好。只要会说话，"甘蔗也可两头甜"。

在日常生活中，人与人之间交往相处难免会发生一些不愉快的事情，个别脾气暴躁的人，会为一点鸡毛蒜皮的小事而与他人发生争执，甚至拳脚相加，此时倘若没人出来"打圆场"，任由事态发展，往往容易酿成悲剧。

因此，作为旁观者，不应该在他人矛盾激化时怀着看热闹的心态，围观起哄，而应主动做"和事佬"打个"圆场"。只要本着"理解争论双方的心情，找出各方面的差异，并对各自的优势给予肯定"这一原则，也就满足了双方自我实现的心理，从而很容易使冲突双方头脑冷静下来，化干戈为玉帛，而避免出现过激的举动。

阅后衷告

赢者不会赢，输者不会输

双赢的概念源于尼伦伯格原则，是由美国著名谈判学家尼伦伯格提出，指一场圆满的、成功的销售谈判，每一方都应是胜利者。

以买衣服为例，我们把商贩的期待降到 50 元，最后以 60 元成交。这时他会觉得很高兴，这就是一个双赢的收尾。活学活用，它可以适用于任何场合，只要记得"赢者不全赢，输者不全输"的定律，往往就可以想出双赢的策略。